Gerhard Leitner

DIE ABORIGINES AUSTRALIENS

Verlag C. H. Beck

Mit 9 Karten und 13 Abbildungen

Originalausgabe
© Verlag C. H. Beck oHG, München 2006
Gesamtherstellung: Druckerei C. H. Beck, Nördlingen
Umschlagabbildung: Aboriginal Australian Art
Umschlagentwurf: Uwe Göbel, München
Printed in Germany
ISBN-10: 3 406 50889 8
ISBN-13: 978 3 406 50889 9

www.beck.de

Inhalt

A. Auf den Pfaden der Aborigines

Wer Australien bereist oder dort lebt, kommt nicht unbedingt mit den ursprünglichen Bewohnern des Fünften Kontinents, den Aborigines, in Kontakt. In Sydney und anderen Städten gehen sie optisch fast unter. Man sieht sie meist nur am Rande des öffentlichen Raums, wie in den Parks, als Alkoholiker, Obdachlose – als Außenseiter, als ‹Gefahr›. In den Prospekten der Tourismusbranche stehen sie an zentraler Stelle, als *etwas*, das man gesehen haben muss. Man merkt, dass hier weniger die Menschen gemeint sind als die photogenen kulturellen Produkte: ihre Malerei, das Didgeridu, ihr Tanz im ‹Vorführtheater›. Es sind die Touristenführer bei Attraktionen wie Ayers Rock, dem Kakadu Park oder den für seine Felsenmalereien bekannten Kimberley, die als achtbare Repräsentanten verehrt werden. Das «Volk» aber bleibt unbeachtet.

Der Zugang zu den Aborigines erschöpft sich oft in solchen *erfahrbaren* kulturellen Erlebnissen. Interessierten bleibt kaum etwas anderes übrig, als sich so populären wie umstrittenen Büchern wie *Traumfänger* von Marlo Morgan oder *Traumzeit* von Barbara Wood, das das ZDF 2003 in einer Fernsehfassung ausstrahlte, zuzuwenden. Der Film *Long Walk Home* (2002) von Phillip Noyce personalisierte die Politik der Assimilation, Paul Goldmans *Australian Rules* (2002) die des Zusammenlebens von Schwarz und Weiß in einer Kleinstadt. Mit Beiträgen über das *Outback*, das australische Hinterland, oder über kontrovers diskutierte Themen vermitteln die Medien oft ein realistisches Bild der Kultur und Geschichte der Ureinwohner. Junge, politisch engagierte Menschen suchen Kontakt zu Amnesty International oder der Gesellschaft für bedrohte Völker.

Trotz der Informationsdichte meinen manche Experten, dass die Aborigines zwar zu den bekanntesten, aber auch zu den am wenigsten verstandenen Menschen in der Welt gehören. In der Tradition des aus der Literatur bekannten Motivs des ‹edlen Wilden› schrieb Captain James Cook, die Aborigines hätten zwar nicht die materiellen Güter der Europäer, wären aber glückliche Menschen. Aber Romantisierungen versperren den Blick für die konfliktgeladene Gegenwart. Aborigines fühlen sich nicht als Nachkommen ‹primitiver› Wilder, auch nicht als solche ‹edler Wilder›. Sie sehen sich als Opfer der Kolonialisierung, die in ihrem eigenen Land entrechtet sind. Wadjularbinna, eine Älteste der Gungalidda, beschreibt das auf einprägende Weise. Die Themen, die sie anschneidet, werden uns durch diese Geschichte ihres Volkes begleiten:

Meine Geschichte ist eine schmerzhafte, aber ich will sie mit denen teilen, die nicht-indigener Abstammung sind, denn ich will, dass sie verstehen, woher die Aborigines kommen und wie viel Schmerzvolles sie durchmachen mussten ...
Ich heiße Wadjularbinna, was soviel bedeutet wie Wärme und Sonnenschein. Ich wurde in einem Lager der Aborigines am Golf von Carpentaria geboren. Ich bin halbweiß, denn meine Mutter wurde von Siedlern vergewaltigt, als diese die Leute von ihrem Land vertrieben. Meine Großmutter erzählte uns Geschichten, wie Erwachsene, als sie noch ein kleines Kind war, erschossen wurden, und die Kinder, wenn sie von den Eukalyptusbäumen fielen (wo sie sich versteckt hatten), aufgesammelt und gegen Felsen und Bäume geschleudert wurden.
Die Missionare kamen und nahmen die Kinder ihren Eltern weg. Sie nahmen schwarze und halbschwarze Kinder und brachten sie in Schlafsälen unter, die ihnen gehörten. Unsere Eltern konnten nicht zu uns kommen, und wir nicht zu ihnen ... Sie sagten, dass unsere Eltern Heiden wären und sie uns die Liebe von Jesus Christus predigen würden. Abends ging ich zu Bett und weinte nach meinen Eltern, fragte, warum sie uns denn weggenommen haben. Das war furchtbar traurig und verwirrte uns für lange Zeit.
Die Missionare behandelten uns wirklich schlecht ... Ich weiß nicht, warum das alles passierte, aber als Christin weiß ich, dass das alles einen Sinn hatte. Ich sage zu mir selbst, ich habe eine zweite Chance bekommen und muss tun, was ich kann.
Sie brachten uns vieles bei. Ich bin dankbar, dass ich Lesen, Schreiben, Kochen, Nähen und all das lernte, was Mädchen tun. Aber dann haben sie mich verheiratet. Sie suchten meinen Mann aus und verheirateten

mich in eine weiße Familie. Von einem bescheidenen Anfang kam ich in eine Welt der Überheblichkeit und der Klassenunterschiede.

Ich fand schnell heraus, dass man in der weißen Gesellschaft nach der Position eingeschätzt wird, nach Geld, Landbesitz und so fort. Was für eine Verlogenheit, dachte ich. Es war eine völlig andere Welt als die, aus der ich kam.

Als Aktivistin symbolisiert Wadjularbinna die Wandlung der Aborigines: Sie treten aus vordefinierten, europäischen Rollen heraus und werden eigenständig politisch Handelnde.

I. Die Aborigines Australiens im Überblick

Die Kulturen der Aborigines repräsentieren die vielleicht älteste noch praktizierte Kultur der Menschheit, wobei die Mehrzahl *Kulturen* entscheidend ist: Es gibt nicht *die* Aborigines, wie es auch nicht *die* Indianer Amerikas oder *die* Deutschen gibt. Aborigines im wüstenhaften Zentralaustralien waren und sind anders als die im tropischen Norden, den Kimberley im Nordwesten oder dem kühlen Südosten und Südwesten. Sie unterschieden sich in der Religion, den sozialen Verbänden, in denen sie leben, in ihrer Kunst und ihren Sprachen. Der Begriff ‹Aborigines› ist für dieses Buch gleichwohl eine nicht vermeidbare Verallgemeinerung und Vereinfachung.

Anders als oft behauptet wird, waren die Kulturen der Aborigines nie unveränderlich. Sie wandelten sich, wenn auch langsam. Es ist auch falsch anzunehmen, sie hätten von der Außenwelt abgeschnitten gelebt. Sie pflegten lose Kontakte zu ihren Nachbarn im Norden – in Neuguinea oder dem heutigen Indonesien –, deren Bräuche auf verschiedenen Wegen selbst das Innere des australischen Kontinents erreichten. Vor etwa 30 000 Jahren war der Kontinent gar eine Durchgangsstation für die Menschen zu der Inselwelt des Pazifiks.

Weitere Änderungen gehen auf die Kolonisation ab 1788 zurück, die aber ihrerseits dauerte. Eine Route über die Blue Mountains, westlich von Sydney, fand man erst 1813. Und erst sie eröffnete den Weg ins Innere des Kontinents. Auch nach einem Jahrhundert war das Land noch nicht voll erschlossen.

Die Spinifex, ein Aborigine-Stamm aus der Western Desert, z. B. hatten erst in den 1950er Jahren erste Begegnungen mit den Weißen, als sie wegen der Atombombenversuche in der Victoria Desert und der Nullabur zur Emigration gezwungen wurden. Obgleich die Expansion der Landwirtschaft und der Industrie im Laufe des 19. Jahrhunderts schnell voranschritten, blieb Raum für alte Lebensformen – selbst in Stadtrandsiedlungen und Reservaten.

Die Kolonialisierung veränderte die Kulturen also nicht in einem Schritt. Das legt eine Sicht der Kulturgeschichte nahe, die sich nicht auf eine Unterscheidung zwischen der Zeit vor und nach 1788 – dem Beginn der Kolonialisierung – beschränkt. Es ist sinnvoller, die Fortdauer der Traditionen der Kulturen in Rechnung zu stellen und traditionelle von postkolonialen Lebensformen zu unterscheiden. Erkennbar sind sie am Ausmaß des Einflusses der Kolonisation. Das Weiterbestehen bzw. Wiederaufleben der Bindung ans Land und religiöser Praktiken, das Fortleben der komplexen Verwandtschaftsbeziehungen sowie die Transformation früher Rechtsnormen – das sogenannte *blackfella way* oder *Aboriginal Law* – und die moderne Malerei belegen die Tatsache, dass sich traditionelle Formen erhalten haben. In der Folge der Kolonisation und besonders in den letzten 50 Jahren haben sie sich gewandelt und eine Dynamik gewonnen, die auf postkoloniale Formen hindeutet. Der Verlust an Kultur ging einher mit einem (partiellen) Erhalt, einer Renaissance und Transformation, die heute in die Hauptgesellschaft hineinwirkt. Das bietet die Grundlage unserer Darstellung, durch die wir der alten und modernen Seite der Aborigines gerecht werden wollen.

2. Besiedlung – Mythen und Wissenschaft

Die Schöpfungsgeschichten der Aborigines berichten, dass es die Schöpfungswesen waren, die das Land, die Sprachen und Menschen schufen und ihnen das Land anvertrauten, jeweils eine Region mit ihrer Sprache. Eine Geschichte aus dem Zentrum

Australiens erzählt, dass sich die Numbakullabrüder, die Schöpfungswesen, eines Tages aufmachten und auf ihrem Weg auf menschliche Urwesen, die Inapatual, stießen, die weder sehen, noch hören, noch sich bewegen konnten. Sie nahmen ihre Messer und schnitzten diese Wesen zu richtigen Menschen, den Vorfahren des Stammes der Aranda. Die Schöpfungsgeschichte ist hier, anders als im Christentum, als ein begrenztes, lokales Ereignis dargestellt. Es gibt allerdings auch Geschichten, die die Schöpfung der Erde insgesamt erzählen.

Die Wissenschaft schildert freilich eine andere Geschichte. Als einer der ältesten Kontinente löste sich Australien vor 35 Millionen Jahren von dem Kontinent Gondwana, der Australien, Indien, die Antarktis, Afrika und Südamerika umfasste. Während das Land in Richtung seiner heutigen Position driftete, veränderten sich Klima und Lebensbedingungen, und als Folge Fauna und Flora. Wechselnde Wärme- und Kälteperioden verursachten Feucht- und Trockenperioden. Da Vulkane und ewiges Eis nicht oder nur am Rande vorhanden waren, führte die Erosion zu der heute typischen flachen Topographie mit niedrigen Gebirgszügen. Die Lage zum Äquator ergab eine Teilung des Klimas in den tropischen Norden, das zentralaustralische Wüstenklima und den gemäßigten Süden. Die andauernden Änderungen führten nicht dazu, dass sich neue Tier- oder Pflanzenarten entwickelten. Vielmehr passten sich Fauna und Flora dem fortlaufenden Wandel an und veränderten ihre Reaktionen auf die Umwelt, was ihre Widerstandskraft erklären hilft. Australiens Abgeschiedenheit hat auch zu einer von außen wenig beeinflussten Fauna und Flora geführt. Nur ein kleiner Teil der Arten, wie der australische Wildhund, der Dingo, ist dem nördlichen Nachbarn geschuldet.

Über die Besiedlung Australiens durch die Vorfahren der Aborigines gibt es kein gesichertes Wissen. Aufgrund dessen, was über die Erdgeschichte, das Klima und die Entstehung des Menschen bekannt ist, geht man davon aus, dass Menschen vor ca. 50 000 Jahren den Kontinent in mehreren Wellen erreichten. (Zum Vergleich sei erwähnt, dass Menschen in Europa erst um 10 000 v. Chr. sesshaft wurden.) Der *homo sapiens*, der moderne

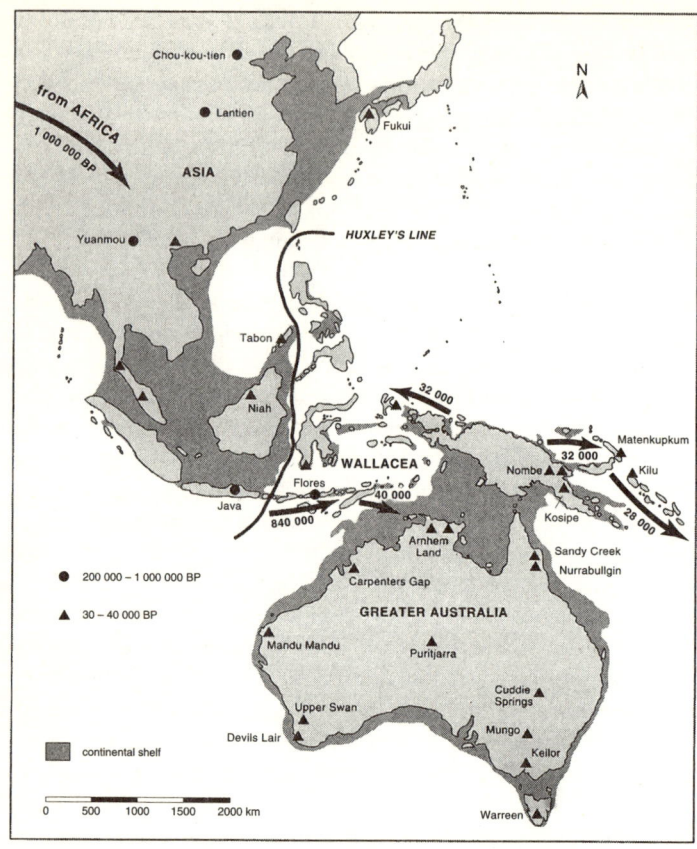

Karte 1: Das große australische Schelf

Mensch, gelangte vor 60 000 bis 40 000 Jahren nach Australien. Der älteste Menschenfund, der *Mungo Man*, wird auf 40 000 v. Chr. geschätzt. Neuere Forschungen deuten sogar auf eine noch frühere Besiedlung hin. So weiß man, dass der *homo erectus* Südostasien vor 900 000 Jahren erreichte und hält es für denkbar, dass er die Seedistanz von Flores, einer Insel im Südosten des heutigen Indonesien, oder von Timor aus hätte überqueren können, zumal das Große Australische Schelf Neuguinea einschloss (Karte 1 links).

Wir wissen, dass die Ausbreitung der Menschen in Australien in einem Wechsel von Eis- und Zwischeneiszeiten vonstatten ging. Die Menschen erlebten ein Land mit extremen Klimaschwankungen, mit begrenzten Wasserressourcen und einer sich wandelnden Fauna und Flora. Über die Details der Ausbreitung ist wenig bekannt, und es gibt mehrere Hypothesen. Einer zufolge haben sich Siedlungszentren in der Nähe von Wasservorräten gebildet. Karte 2 zeigt dunkel markierte Regionen, sogenannte *refuges*, in denen Wasser vorhanden war und die zuerst und dauerhaft bewohnt waren. Die hell markierten Gebiete wurden später besiedelt. Die Wüstenregionen schließlich wurden zuletzt besiedelt, und ihre Siedlungsdichte war und blieb gering. Ein Überleben machte Technologien nötig, um Wasser und Nahrungsmittel zu finden. So eindrucksvoll das biogeografische Modell auch ist, vermag es doch die tatsächlichen Wanderungswege nicht zu erklären.

Aus der Erdgeschichte folgt, dass die Ausbreitung der Menschen in zwei Perioden einzuteilen ist, die durch die Kälteperiode von vor 25 000 bis 15 000 Jahren bestimmt sind. Erst als der Verlust bewohnbaren Landes durch die Wärmephase ausgeglichen war, wurde eine extensive Besiedlung möglich. Die Trennlinie der beiden Perioden liegt vor etwa 7000 Jahren. Die Zweiteilung der menschlichen Entwicklung spiegelt sich auch in Traumgeschichten wider. Eine Geschichte der Spinifex erzählt, dass das Meer (vor etwa 7000 Jahren) die Nullabar Plain erreichte und das Land der Spinifex bedrohte. Die «Traumzeit» berichtet: Geistervögel, die sich in die Menschen der Sonne und des Schattens aufteilten, stellten sich dem Meer entgegen. Die Sonnenmenschen bannten von den Klippen aus das Meer, die Schattenmenschen schützten die Täler, indem sie riesige Barrieren aus Speeren bauten. Gemeinsam retteten sie die Spinifex vor der Flut (Cane 2002: 9).

Die Pfade der Aborigines reichen also Tausende von Jahren zurück und zeigen ihre Anpassungsfähigkeit auch an eine sehr schwierige Umwelt. Weniger offensichtlich ist, dass sie in dieser

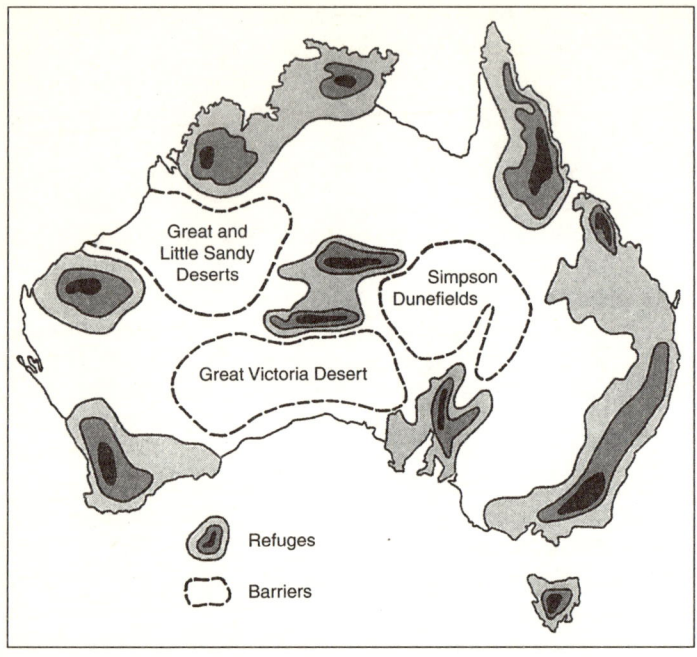

Karte 2: Ein biogeographisches Modell der Besiedlung Australiens

Zeit Kulturen entwickelten, die ihnen das materielle und geistige Leben ermöglichten. Es gab als Lebens- oder Wirtschaftsform das seminomadische Jagen und Sammeln, das auf Bewahrung und Pflege ausgerichtet war, um den Bedarf zu decken. Eine Religion bildete sich heraus, die den Menschen an das Land band und ihn in ein soziales Netz einbettete, in dem er Aufgaben, Pflichten und Rechte hatte. Es entwickelten sich Regeln des Zusammenlebens, ein Gesetzeskodex mit Strafen und Sanktionen. Und es entstanden Kunstformen, die, von Ausnahmen abgesehen, religiösen Zwecken dienten. Diese Kultur wurde mündlich von Generation zu Generation in Form von Geschichten weitergegeben, was den Kulturerhalt sicherte. Als die Europäer auf dieses Land trafen, kam es zu einem Zusammenstoß von Unvereinbarem, in dem eine derart gestaltete Gesellschaft unterliegen musste. Manches davon hat sich dennoch in der einen oder anderen Form bis heute erhalten und kann wieder belebt, ja gelebt werden.

3. Die Suche nach der Terra Australis, dem Südland

Im nördlichen Arnhem Land findet man Felsenmalereien, die die Schiffe der Kolonialmächte, wie in Abb. 1, darstellen und zeigen, dass die in der Nähe der Küsten lebenden Aborigines sie durchaus aus der Ferne wahrnahmen. Sie ahnten nicht, was diese mit sich bringen würden. Und auch für die Europäer war nicht klar, was sie antreffen würden, als sie die *terra incognita*, das unbekannte, unbeschriebene Land Australien entdecken sollten.

Australien war der letzte ‹entdeckte› Kontinent. Ein Motiv war es, das Gelehrte, Entdecker und Politiker bewegte, die Welt der Renaissance zu durchbrechen. So dachte man, das Gewicht der bekannten Kontinente im Norden, benötige ein Gegengewicht, ein *Südland*, eine *terra australis*, um die Welt im Gleichgewicht zu halten. Der Venezianer Marco Polo war der erste, der diese Idee im späten 13. Jahrhundert popularisierte. Er hoffte, ein großes, reiches Königreich südlich von Asien zu entdecken. Er fand es nicht. Wo die *terra australis* hätte liegen können, blieb im Dunkeln. Kartographen zeichneten sie an verschiedenen, oft widersprüchlichen Stellen südlich von Asien in ihre Karten ein. Der Franzose Paulmier de Gonneville berichtete 1503 von seiner Entdeckung des Südlandes. Er habe auf einer Seefahrt ein fruchtbares Land mit einfach lebenden, glücklichen Menschen gesehen, die sich von der Jagd, dem Fischfang, Gemüse und angebauten Wurzeln ernährten. Sie seien bekleidet, lebten in Kleingruppen in Dörfern und dienten örtlichen Herrschern. Das konnte nicht Australien gewesen sein. Aber damals waren seine Landsleute sicher, dass Paulmier de Gonneville die *terra australis*, das *France Australe*, gefunden habe. Man fand das Land nie wieder und vermutet, er sei im Südosten Südamerikas gelandet.

Frankreich machte keine weiteren Erkundungsreisen dorthin, sondern widmete sich der Südsee. So waren es die Holländer, die 1602 als erste Europäer in Australien vor Anker gingen. Die Geschichte ist spannend: Für Jahrzehnte war nicht klar, was man eigentlich gefunden hatte. Von Java kommend und auf dem Weg nach Neuguinea landete Willem Jansz 1602 zufällig an der Spitze Cape Yorks, der Halbinsel im Nordosten. Da er die Meerenge zwischen Neuguinea und Australien, die Torres Strait, nicht bemerkte, nahm er an, das Land gehöre zu Neuguinea. Karte 3 stellt dieses Weltbild dar. Der Spanier Luis Váez de Torres war es, der im gleichen Jahr durch die, später nach ihm benannte Meerenge segelte. Man kannte nun ein Land im Nordosten, wusste aber nicht, ob es das Südland war. Erneut unbeabsichtigt entdeckten die Holländer den Westen Australiens, als sie 1616 eine neue Route nach Südostasien suchten. Die Windverhältnisse östlich des Kaps der Guten Hoffnung nutzend, halbierten sie ihre Reisezeit. Es ging 5000 Meilen nach Osten, dann nach Norden. Aber ihre Navigationsinstrumente waren unpräzise, und so landeten die Schiffe weitab – im Westen Australiens.

Abb. 1: Europäische Schiffe als Felsmalerei

Man kartografierte das Gebiet, ohne zu ahnen, dass es zu dem Land gehörte, das Jansz beschrieben hatte.

Nachfolgende Reisen im Osten des entdeckten Landes waren geplant. Die Holländer fanden heraus, dass das Land kontinuierlich vom Norden bis Tasmanien reichte. Abel Tasman sollte 1642 eine Route zum vermuteten Südland vom Kap der Guten Hoffnung aus suchen. Er segelte an Australien vorbei, zu weit südlich, um das Festland zu sehen. Was er fand, waren Van Diemen's Land – die später Tasmanien genannte Insel –, Neuseeland, Tonga und Fiji. Die Reisen des Engländers William Dampiers in den Jahren 1688 und 1699 brachten kaum mehr Licht ins Dunkel. Er landete als erster Engländer im Westen und lieferte die erste Beschreibung der Aborigines.

Nun war den Europäern ein neues Land bekannt. Noch lange aber war unklar, ob es sich dabei um die *terra australis* handelte. Cook schrieb in seinem Reisebericht von 1768–71 folgendes: «obgleich ich den Südkontinent nicht gefunden habe (der vielleicht gar nicht existiert), . . ., bin ich sicher, dass dieses Versagen mir nicht zur Last gelegt werden kann.» (vgl. Kenny 1995: 57). Die Suche sollte mit der Kolonisation für immer aufhören, das Land bekam den Namen des gesuchten Landes: Australien!

Statt des fruchtbaren, friedlichen, ‹unsterblichen› Lebens, das Paulmier gesehen haben wollte, bestätigten alle Berichte am Ende des 17. Jahrunderts das Urteil von Carstensz: Für ihn war Cape York ein unzugängliches, karges Land, das dem Menschen nicht das Geringste zu bieten hatte. Das galt fortan für alles, was man über Australien sagte. Der Franzose Pelsaert schrieb, er habe kein Wasser gefunden, dafür aber Fliegen und Termiten. Tasmans Berichte von 1644 enthielten nichts, was die Holländer dazu bringen konnte, das Landesinnere zu erkunden. Und für Dampier stellten die Aborigines «die erbärmlichste Menschenrasse [dar], die er je gesehen hätte»; er wurde zum Vater des Bildes der ‹primitiven Wilden›.

Dennoch wuchs das Interesse. Mitte des 18. Jahrhunderts machten sich Briten und Franzosen erneut auf die Suche nach einfacheren Seewegen und begannen, neue Methoden der Navigation zu erproben. Die Briten engagierten James Cook, dem die

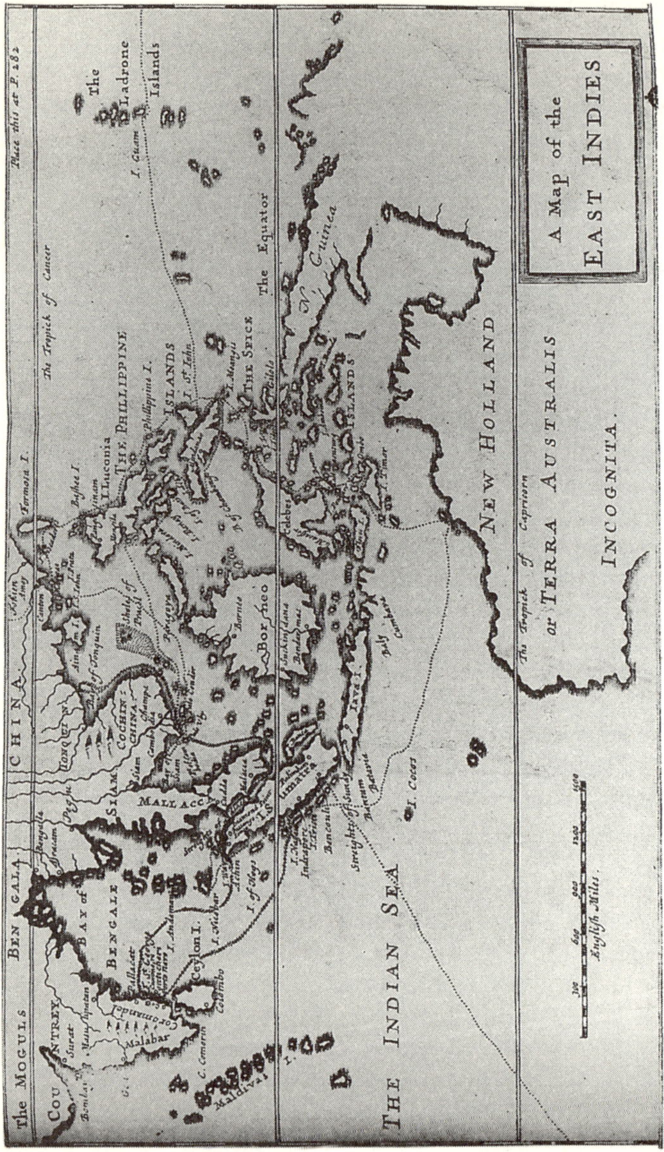

Karte 3: Kapitän Dampiers Reise nach Neuholland 1699

Marine den geheimen Auftrag mitgegeben hatte, nach neuem, wirtschaftlich nutzbarem Land zu suchen. Cook erkundete die Ostküste, traf aber selten auf Aborigines. Er begegnete ihnen im Nordosten, in der Region der nach ihm benannten Stadt Cook-town, und zeichnete ein positives Bild von ihnen. Im Lichte der Kolonialgeschichte könnte man ihn als Vater des Bildes des ‹edlen Wilden› sehen.

Zwischen Cook und Dampier lag die Weiterentwicklung der Anthropologie, die sich die 1766 gegründete Londoner *Royal Society* zu Nutzen machte. Die Entdecker sollten das Aussehen der Menschen, die materiellen und sozialen Bräuche, die Nahrungsmittel und die Sprachen beschreiben. Im Vordergrund britischer Reisen standen wirtschaftliche Interessen, während die Franzosen von wissenschaftlichen Motiven getrieben waren. Jean-François Lapérouse, Nicolas Baudin und Antoine de Bougainville trugen Entscheidendes über Mensch, Fauna und Flora zusammen und kartographierten die Pazifikregion.

Aber auch die erfolglosen Reisen, wie die von Gonneville, hatten ihr Gutes, beflügelten sie doch die Phantasie. Australien wurde philosophisch und intellektuell als Teil der pazifischen Inselwelt gesehen. Schon in der Literatur des 17. Jahrhunderts wurde es in zwei französischen Werken als Schauplatz aufgegriffen. Ein Text war ein fiktiver Bericht von einem angeblich dort geborenen Geistlichen. Ein anderer enthielt Reiseschilderungen. Bald entdeckten Romanschriftsteller das Land. In dem wenig bekannten *La Terre Australe Connue* (1676) beschreibt Gabriel de Foigny ein idyllisches, wohl regiertes Land mit frei geborenen, ja unsterblichen Menschen. Knapp 100 Jahre später erschien der einflussreichere Roman *Histoire des Sevarambes* von Vairesse (1766). Dampier selbst schrieb fiktive Reiseschilderungen, die Jonathan Swift auf den Gedanken brachten, Tasmanien für *A Tale of Tub* (1704) und *Gullivers Reisen* (1728) als Schauplatz zu nutzen. In *A New Voyage Around the World* beschreibt sein Zeitgenosse Daniel Defoe die Menschen als ‹einzigartig, ehrlich und aufrichtig›. Sie kannten keine Falschheit und keinen Verrat. Auch er verfolgte wirtschaftliche Interessen. Man solle das Land kolonisieren, die Einheimischen zum Tragen von Kleidung bewegen – das würde der Textilindustrie helfen. Voltaire und Rousseau und andere Philosophen schließlich schufen das philosophische Grundgerüst des ‹edlen Wilden› im Vergleich zur europäischen Kultur.

Die Entwürfe der Literatur und Philosophie hatten einen Nachteil: Sie beruhten auf den Berichten Dritter und auf Räsonnement. In Wirklichkeit war es den Entdeckern fast unmöglich gewesen, mit Aborigines in Kontakt zu treten. Cook schrieb, dass sie sich zurückgezogen hätten, als die *Endeavour* in Botany Bay ankam. Als der Kontakt gelang, war er freundlich. Auch der Franzose Freycinet machte 1818 diese Erfahrung in Shark Bay. Abb. 2 ist ein typischer Beleg dafür.

Die britische Regierung hatte 1788 also ein Grundwissen, das Arthur Phillip, der erste Gouverneur, nutzen konnte. Er scheint von Cooks positivem Urteil beeinflusst gewesen zu sein, und noch 50 Jahre später findet man solche Urteile bei Forschern wie Leichhardt oder Bischof Salvado, der in New Norcia, etwa 100 km nordöstlich von Perth, eine Mission aufbaute. Aber bald bestimmte das Bild des ‹Primitiven› die Kontakte. D. Collins, ein Staatsanwalt, räsonierte schon 1796, die Aborigines seien weder vernunftbegabt noch würden sie Konzepte wie ‹gut› und ‹böse› kennen.

Abb. 2: Französische Expedition in Kontakt mit Aborigines, 1818

Die am Ende des 18. Jahrhunderts vorhandenen konträren Bilder prägten langfristig das Denken Europas hinsichtlich der Aborigines. So taucht in Spielfilmen heute wieder das Motiv des ‹edlen Wilden› auf, das Sympathie und Verständnis für die Aborigines fördern und dem als rassistisch empfundenen Pendant entgegensteuern soll. Ab Mitte des 19. Jahrhunderts situierten Wissenschaften wie die Ethnologie, Anthropologie, Theologie oder Soziologie Australien innerhalb der geistesgeschichtlichen Debatten der Zeit. Sie entwarfen Modelle der Kulturentwicklung, in denen Australien seinen Platz fand und finden musste. Diese spiegelten einen Eurozentrismus wider, der die Kulturen der Aborigines einhellig auf einer unteren Stufe des als universell verstandenen Entwicklungsprozesses sah. Die Frage war nur, ob das die Stufe nach oben oder die nach unten war, ob sie also überhaupt eine Entwicklungschance hatten. Die Evolutionstheorie verband sich mit dem Sozialdarwinismus und führte dazu, dass jegliche Brutalität bei der Kolonialisierung gerechtfertigt erscheinen konnte. Auch die Kulturkreistheorie, die, weniger universell ausgerichtet, von regionalen Kulturkreisen ausging, und andere Ansätze der Zeit verstärkten den Eindruck, dass die Kulturen der Aborigines zu den primitivsten der Menschheit gehörten. Das Klischee des ‹primitiven Wilden› schien wissenschaftlich fundiert.

4. Von Cook zum Sorry Day

Australien war der letzte Kontinent, der kolonisiert wurde. Auch wenn seine Erschließung über 100 Jahre dauerte, wird man sich fragen, ob es übergreifende Grundlinien gab, die ihr zugrunde lagen. Kann man politische Perioden erkennen, was die Geistesgeschichte nahe legen würde? Wir wollen von vier Perioden ausgehen:

(I) bis Mitte des 19. Jahrhunderts keine explizite Politik;

(II) bis zum Beginn des 20. Jahrhunderts eine Politik der Segregation und der Protektion einer als ‹aussterbend› betrachteten Rasse;

(III) bis in die 1960er Jahre eine Verbindung dieser Politik mit
dem Ziel der Assimilation (anfangs nur des gemischtrassigen Teils der Aborigines);

(IV) heute eher eine Politik, die Selbstverantwortung an politisch
eigenverantwortliche Gruppen delegiert.

Ehe wir auf Einzelheiten eingehen, sei ergänzt, dass diese Perioden die Politik Großbritanniens den Aborigines gegenüber
umschreiben. Sehr lange waren die Aborigines Objekte der Politik, nicht Menschen, die sie beeinflussen konnten. Eine Gegen-
wehr wie die der Indianer Nordamerikas, die sie zu Handelnden
gemacht hätte, kam selten vor. Ausnahmen sind Tasmanien,
Westaustralien und der Norden. Von solchen Ereignissen abgesehen, ist es richtig zu folgern, dass es bis in die dritte Periode
dauerte, bis Ansätze eines organisierten Handelns erkennbar
wurden. Erst dann wurden die Aborigines langsam zu Partnern,
deren Einfluss je nach der politischen Richtung der Regierungen
variierte.

Auch wenn diese Perioden tendenziell lokale, australische Entwicklungen beschreiben, sind sie ohne den internationalen Einfluss nicht denkbar. Dieser begann mit dem Völkerbund 1920,
intensivierte sich mit der UNO und ihren Organisationen und
beschleunigte sich zusätzlich durch die Sozialpolitik der vergan-
genen Jahrzehnte. Auch die 68er-Generation spielte eine Rolle,
an der die deutsche Partei der Grünen mit beteiligt war.

Der Anfang

Cook hatte den Auftrag, nach ökonomisch nutzbarem Land
Ausschau zu halten. Ob er Australien dafür tauglich hielt, sei
dahingestellt. Die Erwartungen können jedoch nicht groß gewesen sein, sonst hätte man kaum ein sozialpolitisches Problem
in den Vordergrund gerückt. Nach der Unabhängigkeit der Ver-
einigten Staaten 1776 konnte Großbritannien keine Gefangenen
mehr dorthin verfrachten. Doch die Gefängnisse füllten sich,
und bald wurde der Osten Australiens, Neusüdwales, das Ziel
für insgesamt etwa 170 000 Sträflinge. Erst von 1820 an kamen
freie Siedler in größerer Zahl, die das erhoffte wirtschaftliche

Ziel beförderten. Als eine Passage über die Blue Mountains gefunden worden war, drang man ins Landesinnere vor, allerdings
wurde der Westen des Kontinents vom Westen aus besiedelt.
Der Kontakt zum Osten folgte später.

Mit der geografischen Expansion einher ging der Aufbau der
Land- und Viehwirtschaft. Der ‹Goldrausch›, der um 1850 in
Victoria begann und sich bis in die 1880er Jahre in Neusüdwales, Westaustralien und Queensland fortsetzen sollte, führte
zu einer enormen Mobilität und einem wirtschaftlichen Aufschwung. Er setzte sich im letzten Drittel des 19. Jahrhunderts in
der Landwirtschaft im Norden fort, wo nun Zuckerrohr, Tabak
etc. angebaut wurden. Hinsichtlich der wirtschaftlichen Entwicklung seien der industrielle Abbau von Bodenschätzen wie
Gold, der Aufbau einer Verkehrsinfrastruktur und die Ausbeutung der Meere im Norden genannt. Dadurch wurde Australien
ein wichtiger Wirtschaftsfaktor, der vor allem eines erforderte:
freies Land.

Das war der Hauptgrund für die schlechten Beziehungen zu
den Aborigines. Der Auftrag, den Phillip von der britischen
Regierung mit auf den Weg bekommen hatte, lautete anders:
Er sollte ein Zusammenleben «in Freundschaft» fördern und
Konflikte, schon gar gewalttätige, vermeiden. So konträr wie
die Auffassungen über die Nutzung des Landes zwischen Europäern und Aborigines waren, waren Kompromisse jedoch undenkbar. Eine auf Bevorratung und Ausbeutung abzielende
Wirtschaftsform traf auf eine, die auf Pflege und Bewahrung
ausgerichtet war. Die eine beruhte auf Privateigentum an Land,
die andere sah den Menschen als durch das Land definiert. Was
das hieß, werden wir im Einzelnen noch erläutern. Konflikte
waren unvermeidbar. Aber sie gingen, so Phillip, zumeist von
den Briten aus. Die im Grunde friedlichen Aborigines griffen in
dieser frühen Phase oft dann an, wenn sie Siedler allein und
unbewaffnet antrafen. Auffallender war allerdings, dass sie
Kontakte vermieden, wo immer es ging. War das Einlaufen der
Ersten Flotte noch von Hunderten von Menschen beobachtet
worden, so schrieb Phillip bald, dass sie seit Monaten keinen
Aborigine mehr gesehen hätten. Ohne Interaktion aber konnten

die Ziele und die angeblich friedliche Absicht nicht vermittelt werden. Schließlich sah Phillip keinen anderen Weg, als Geiseln zu nehmen. Aborigines erwarben daraufhin ein Pidginenglisch, das die Verständigung in begrenzten Umfang ermöglichte. Dennoch eskalierten die Konflikte weiter. Denn die primäre Ursache für diese lag nicht in mangelhafter Kommunikation, sondern in der Expansion und Landenteignung der Aborigines.

In Tasmanien gab es von Beginn an Konflikte, da das Land eine verdoppelte Zahl von Einwohnern nicht ernähren konnte. Man verfiel auf skurrile Versuche, die Aborigines mit der neuen Situation vertraut zu machen. Als Zeichen der friedlichen Absicht wurden Schilder an Bäumen aufgehängt, die zeigten (Abb. 3), wie es aussieht, wenn Schwarz und Weiß Freunde sind, und was passiert, wenn sie Feinde werden. Da sich die Aborigines gegen die weißen Siedler zur Wehr setzten, sicherten diese das illegal erworbene Land mittels massiver Gewalt.

Auf der Insel Tasmanien wurden die Aborigines so fast ausgerottet: Nach weniger als 100 Jahren starb die letzte Aborigine direkter Abstammung. Überlebende indirekter Abstammung wurden schon in den 1830er Jahren auf der nahen Flinders Island angesiedelt. Auch auf dem Festland wurden sie vertrieben, wenn eine Umsiedlung scheiterte. Oft wurden sie ermordet oder starben an eingeschleppten Krankheiten. Solche Situationen wiederholten sich immer wieder im Zuge der Kolonisation. Die Aborigines mussten gegen ihre Regeln des Zusammenlebens mit Nachbarstämmen verstoßen und sich auf dem Gebiet anderer Stämme niederlassen. So bildeten sich Siedlungen am Rande von Dörfern und auf Farmen. Einen Ausweg boten Missionen und Reservate, wo sie unter einer starken Kontrolle leben sollten.

Missionen und Experten

Die Probleme, die bei der Besiedlung und wirtschaftlichen Nutzung des Landes auftraten, bildeten das Umfeld der Arbeit der Missionen und der Regierung, soweit sie sich damit befasste. Das tat sie nur bis zu einem gewissen Grad. Die erste staatliche

Abb. 3: Baumbotschaften in Tasmanien anfangs des 19. Jahrunderts

Schule für die Kinder der Aborigines wurde 1814 in Parramatta, heute ein Bezirk Sydneys, gegründet, aber nach wenigen Jahren wieder aufgegeben. Die Erziehung lag in den Händen der Missionen, die ab 1820 in den Kolonien arbeiteten. Eines ihrer Ziele war es, die Aborigines dazu zu bewegen, ihr nomadisches Leben zugunsten einer Tätigkeit in der Landwirtschaft oder im Handwerk aufzugeben. Wie in anderen Teilen der Welt verbanden sie auch in Australien bruchlos den Missionsauftrag mit dem zivilisatorischen, der den wirschaftlichen nicht ausschloss. Missionen sollten sich selbst finanzieren. Von etwa 1820 bis um 1850 wurden weit über 100 Missionen betrieben. Hinzu kamen über 100 staatliche Reservate, die die Kolonien unterhielten (Fesl 1993). Schon diese Zahlen belegen das Ausmaß der Kontrolle des Lebens der ‹Ureinwohner›, die wenig Raum für ein freies, selbst kontrolliertes Leben ließ.

Praktisch alle Konfessionen waren missionarisch tätig. Allen voran waren es die Anglikaner, Presbyterianer, Methodisten und Baptisten aus England und Schottland. Es gab deutsche Missionen sowie die der katholischen Kirche aus verschiedenen Ländern. Zwischen ihnen bestanden natürliche Unterschiede in der Einstellung den Menschen gegenüber, die sie zu missionieren trachteten. Die Lutheraner aus dem fränkischen Neuendettelsau und dem niedersächsischen Hermannsburg, galten als ‹offener› für die Kultur der Aborigines als die Herrnhuter aus Sachsen, die sich oft abschätzig über diese Menschen äußerten. Aber ungeachtet aller Unterschiede hatten sie den gleichen Auftrag: die Verbreitung der biblischen Botschaft. Die Interpretation des Auftrages und der Ansatz der Missionierung müssen, wie die Entwicklung der Wissenschaften oder die der Leitlinien der Politik, im Kontext der geistesgeschichtlichen Strömungen des 19. und frühen 20. Jahrhunderts gesehen werden. Allerdings war die Missionsarbeit näher an den Menschen als Wissenschaft und Politik, und so wurde die Arbeit ‹vor Ort› ein entscheidender Faktor, der zu tiefen Kontroversen führen sollte. Die Vertreibung und die Lebensbedingungen, die den Aborigines auferlegt wurden, führten unweigerlich zu Konflikten mit dem Staat und den Siedlern. So erlangte die Missionsarbeit früh eine politische

Bedeutung, die den Missionen eine soziale Verantwortung für diese Menschen auferlegte, der sie oft nicht gerecht wurden.

Die Tätigkeit der Herrnhuter ist interessant, da sie eng mit der politischen Geschichte Victorias verbunden ist. Die ‹Herrnhuter› wurden aus Böhmen und Mähren vertrieben und ließen sich in Herrnhut, nördlich von Bautzen in Sachsen nieder. Unter dem Namen Moravier (‹Mähren›) bildeten sich Ableger in England und den USA. La Trobe, der erste Gouverneur Victorias, gehörte zum englischen Zweig, und er war es, der die Herrnhuter einlud, eine Mission im Nordosten der Kolonie zu errichten. Nach einem Fehlschlag begannen sie in Ebenezer und unterhielten zwischen 1851 und 1919 insgesamt sieben Missionen in Victoria, Südaustralien und Cape York. Die Lutheraner waren stärker und länger vertreten. Ihre bedeutendste Mission war in Hermannsburg, nordwestlich von Alice Springs. Beide Missionen legten Wert darauf, dass ihre Missionare die Sprachen vor Ort studierten, was diese mit großem Erfolg taten. Sie hinterließen oft unschätzbare Glossare, Grammatiken, Sammlungen von Traumzeitgeschichten und Übersetzungen. Einer, der besonderen Einfluss ausübte, war Carl Strehlow, der 1892 nach Australien kam und 1922 verstarb. Er wurde zu einem der einflussreichsten Missionstheologen, der die Kultur der Aborigines in Zentralaustralien eingehend beschrieb. Sein Sohn Theodor folgte seinen Spuren, wurde Protektor und später der erste Professor für Sprachwissenschaft an der Universität Adelaide. Wir werden auf beide in Kap. 15 zurückkommen.

Eine der erfolgreichsten katholischen Missionen war die in New Norcia, nördlich von Perth, die von dem spanischen Benediktinerpater Rosendo Salvado gegründet wurde. Er baute ein Heim für die zahlreichen Waisenkinder und eine Schule auf, der ein Bauernhof und Ausbildungsstätten angeschlossen waren. Die Mission, die 1990 geschlossen wurde, hatte Hunderten von Aborigines eine erfolgreiche Ausbildung vermittelt.

Wie erwähnt, musste die Arbeit der Missionen zu Konflikten führen. So war für alle Beobachter offensichtlich, dass die Zahl der Aborigines im 19. Jahrhundert abnahm. Zu Beginn der Kolonialzeit geht man von 300 000 bis 900 000 Menschen aus. Am

Ende des 19. Jahrunderts lebten noch etwa 150 000, 1930 noch 70 000. Der Eindruck, dass sie als «Rasse» aussterben würden, war fast unausweichlich. Ein Jesuitenmissionar schrieb noch 1892, dass Australien das Recht der Schwarzen auf Leben nicht anerkennt und fuhr fort: «Der Schwarze sieht Blut auf seiner noblen Stirn, herzlose Grausamkeit in seinem Herz, seinen Schuhabsatz aus Stahl [gemeint sind die Weißen, GL] ... Auch in Übersee herrscht die Ansicht vor, dass es in Gottes Vorsehung sei, dass die Eingeborenen hier wie anderswo vor dem britischen Volke verschwinden müssen.» (Charlesworth 1998: 143). Missionen standen vor der Alternative, das Sterben zu bekämpfen oder wohltätig zu begleiten. In diesem Spannungsfeld sollten die Missionen Partei gegen den Staat ergreifen, was sie zum Teil auch taten.

Ein weiteres Konfliktfeld tat sich Ende des 19. Jahrhunderts zwischen Wissenschaft und Kirche auf, als Ethnologen, Anthropologen, Soziologen, Theologen und Kunsthistoriker sich für die australische Kultur interessierten und den Kontinent bereisten. Die sich im Kontext von Charles Darwin entwickelnde Evolutionstheorie und die Theorie der Kulturkreise situierten die Kultur der Aborigines meist auf der untersten Stufe der Evolution, was den direkten Erfahrungen von Missionaren wie Carl Strehlow oder Friedrich Wilhelm Albrecht widersprach. Die Beobachtungen beider Parteien ergaben teilweise völlig konträre Bilder (Kap. 15). Veit (2004 a/b) arbeitet diesen Konflikt aus einer geistesgeschichtlichen Perspektive auf.

Was die Missionare hinterlassen haben, ist oft wegweisend bei Entscheidungen in Landrechtsfragen oder bei der Formulierung politischer Ziele in der Sozial-, Erziehungs- und Sprachpolitik. Ihr Erbe hilft, das Wissen über traditionelle Lebensformen zumindest partiell zu rekonstruieren (Kap. 13 und 18). Ihr Wirken in der Vergangenheit war aber meist ein Kompromiss.

Protektion und Segregation

Brutalitäten, wie sie dieser junge Mann (um die Mitte des 19. Jahrhunderts) in Pidginenglisch erzählt, waren in Großbritannien nicht unbekannt: «Die haben denen Ketten um den Hals

gehängt. Sie in Reih und Glied aufgestellt. ‹Ihr rennt jetzt dort
hin, stellt euch auf, macht euch fertig.› Sie bereiteten sie vor.
‹Geht weiter.› ... Sie haben sie dort am Fluss aufgestellt. Einen
Haufen Holz hin getan. Alle waren drauf, Hund, alle. Sie
verbrannten sie. Warfen Kerosin hin, zündeten Streichhölzer
an und verbrannten sie. Alle. Keiner übrig, ja? Alles Asche, ver-
brannt, alle» (nach Leitner 2004: 111). Die *Kölner Zeitung*
berichtete 1880 «von einer erfolgreichen Jagd der Weißen auf
die Papus.» Nach einem Angriff von Aborigines sei eine ‹Razzia›
veranstaltet worden: «Als alle Männer totgeschossen waren,
nahm man die Weiber und Kinder aufs Korn, die sich ins Wasser
geflüchtet hatten. Besonders gelobt wurde der Polizist, denn er
traf mit jedem Schusse diejenige Person, die er sich heraus
‹gepickt› hatte.» Im britischen Parlament wurden früh Maßnahmen diskutiert, die Aborigines vor diesen Exzessen zu schützen.
Das leitete in die zweite Phase über, die der Segregation, der
getrennten Entwicklung. Auslöser für die Umsetzung der Protektionspolitik waren Vorfälle in Melbourne, wo es nach der
Besiedlung andauernde Feindseligkeiten gegeben hatte, durch
die eine große Zahl von Aborigines umgekommen war. Eine
Kommission empfahl dem Parlament die Einrichtung des Amtes
des *Chief Protectors*. Er solle Reservate einrichten, die eine Art
Puffer zwischen Siedlern und den Aborigine-Gruppen schaffen.
Die anderen Kolonien folgten dieser Initiative sehr schnell. In
Südaustralien wurde 1842 das ‹Brachlandgesetz›, der *Waste
Land Act*, erlassen, aufgrund dessen Aborigines Land gegeben
werden konnte, vorausgesetzt, dass es für die Landwirtschaft
nutzlos war. (Der des Englischen Kundige wird im Namen
des Gesetzes die tiefer liegende Ideologie erkennen: Brachland
hatte es in den Augen der Aborigines nicht gegeben.) So wurden
Reservate geschaffen, nach Belieben wieder aufgelöst und die
Bewohner umgesiedelt. Die Bewohner wurden kontrolliert, aber
auch das stoppte die Brutalitäten nicht, wie Wadjularbinna
schrieb (Kap. 1).

Die Segregation war im Grunde eine Folge der Protektion,
da Aborigines ja vor den Brutalitäten geschützt werden sollten. Insofern beides mit der Erwartung einherging, die Aborigi-

nes würden aussterben, wurden Maßnahmen getroffen, die Gemischtrassigen zu assimilieren. Assimilation hieß, nach damaligem Verständnis, dass diese Gruppe von Aborigines von den Reservaten zu entfernen war. Um das zu bewerkstelligen, wurde die Protektionspolitik so modifiziert, dass (bis zu Beginn des 20. Jahrunderts) gemischtrassige Kinder ihren Eltern entzogen wurden. Ihre Erziehung sollte in einem europäischen Kontext stattfinden, und sie sollten durch Zwang an Weiße verheiratet werden. Auf diese Weise wollte man erreichen, dass es zunehmend weniger ‹reinrassige› Aborigines gäbe. Im Hintergrund dieser Maßnahmen, die uns in die 1920er Jahre führen, stand nicht mehr die Hoffnung auf einen Wechsel des Verhaltens der Aborigines. Es ging vielmehr um die eugenische Anwendung der Vererbungslehre, die in den USA, dem Dritten Reich und eben auch in Australien praktiziert wurde.

Anzeichen einer Opposition

Das Ende des 19. Jahrhunderts sah das Ende eines lang anhaltenden Booms, der in eine Serie von Arbeitskämpfen mündete, die die Entstehung von Gewerkschaften beschleunigte. In der letzten Dekade kam es dann auch zur Gründung der Labor Party (1890) und sozialistisch-marxistischer Gruppen. Dabei spielten auch Einflüsse von außerhalb eine Rolle, etwa die 1884 in London gegründete sozialistische Fabian Society und die kommunistische Bewegung Russlands. Keine der Parteien widmete sich allerdings den Fragen der Aborigines. Daran änderte auch die Tatsache nichts, dass Aborigines im Burenkrieg (1899–1902) kämpften. Die Gründung des Commonwealth of Australia 1901 hatte für sie nichts gebracht.

Der Erste Weltkrieg leitete einen Wandel ein. Über 400 Aborigines nahmen am Krieg teil, was anfangs nicht einfach war, denn sie galten nicht als Staatsbürger. Aber als 1917 die Zahl der Freiwilligen rapide abnahm, ‹durften› sich auch gemischtrassige Aborigines melden. Nach dem Krieg verhielt sich Australien wie Großbritannien und setzte die Politik der Segregation der Vorkriegszeit fort oder, etwas zugespitzt formuliert, führte sie wieder ein. Es gab wiederum Exzesse an Brutalität und Willkür; den sexuellen Missbrauch von Kindern, Kindesraub – verbunden mit der Eugenik. Und es fanden Massaker statt, wie das in Coniston (1928). Dort wurden 32 Aborigines nach einem Angriff auf einen Farmer erschossen. In einem Gerichtsverfahren wurden die Erschießungen für legitim erklärt, und den Aborigines wurde jegliche Rechtshilfe verweigert.

Der Erste Weltkrieg hatte aber das Bewusstsein der Aborigines und das vieler Weißer verändert. Was nun geschah, traf auf eine gewisse Missbilligung seitens der weißen Gesellschaft. Die erniedrigenden Arbeitsbedingungen führten dazu, dass sich Gruppen wie die Australian Aborigines Progressive Association (1924) bildeten. Sie löste sich jedoch wegen der systematischen Verfolgung durch die Polizei 1927 auf. William Cooper gründete 1932 die Australian Aborigines League, 1937 folgten Jack Patten und William Ferguson mit der Aboriginal Progressive Association. Diese Führer, die sich teils wie Ferguson der Labor Party angeschlossen hatten, versuchten, die Regierung zu einer Änderung ihrer Politik zu bewegen. Als das nicht gelang, riefen sie anlässlich der 150-Jahrfeier des «weißen Australien» zum *Day of Mourning* auf (Abb.). Dort wurde zum ersten Mal der Ruf nach der Staatsbürgerschaft für Aborigines laut, die aber erst 1971 gewährt werden sollte. Solche Aktionen waren jedoch nicht vergeblich. So wurde der Aborigines Protection Board von Neusüdwales vom Aborigines Welfare Board abgelöst, in dem Aborigines repräsentiert waren. Das Sozialhilfegesetz wurde so geändert, dass es Aborigines half. Das Erziehungsministerium, das für die Erziehung der Aborigines zuständig wurde, bemühte sich – jedoch ohne wirkliches Engagement – um eine bessere Schulausbildung. Der Zweite Weltkrieg unterbrach zunächst diese zaghaften Schritte zu praktikablen Lösungen.

Diese Aktionen leiteten auf dem Höhepunkt der Einwanderungspolitik Ende der 1950er Jahre in die vierte Phase über. Sie wäre aber ohne das gewandelte Weltklima und die nun etablierten internationalen Institutionen undenkbar gewesen. Es ist daher sinnvoll, mit den Vorläufern zu beginnen. Die Internationale Arbeitsorganisation (ILO) und der Völkerbund, die 1919 bzw.

1920 gegründet wurden, führten zu wegweisenden Änderungen in der Kolonialpolitik weltweit. Die ILO widmete sich den Arbeitsrechten indigener Arbeiter, was auch Australien zwang, verschiedene Konventionen, wie die Konvention über Zwangsarbeit (1930) oder die zur Beschäftigung indigener Arbeiter (1936), einzuhalten. Indigene Arbeiter waren Menschen, die zur Urbevölkerung gehörten, assimiliert oder gemischter Rasse waren. Diese Konvention wurde 1957 als Konvention für indigene und Stammesgruppen erweitert und 1989 revidiert. Minderheiten wurde das Recht zugestanden, ihr traditionelles Recht zu praktizieren. Aus Sicht der Konventionen hatte sich Australien zahlreicher Rechtsverstöße schuldig gemacht, beispielsweise indem es zuließ, dass Familien zur Arbeit gezwungen wurden. Später wurde die UN mit ihren Unterorganisationen zu einer der Institutionen, die die Aborigines nutzen konnten, um ihre Anliegen der Weltöffentlichkeit zugänglich zu machen.

Dieser Hintergrund war es, der eine breite Öffentlichkeit für die Aborigines sensibilisierte und ein Klima schuf, in dem die Mehrheit in einem Volksentscheid den Aborigines das Recht auf die australische Staatsbürgerschaft zuerkannte. So erwarben sie 1971 die Staatsbürgerrechte. Dazu gehörten das Recht der Selbstorganisation, der politischen Repräsentanz und der freien Wahl des Wohnortes. Das Recht auf gleichen Lohn für gleiche Arbeit war ihnen einige Jahre vorher gewährt worden. All das verursachte eine Mobilität, die mit der Flucht der schwarzen Sklaven nach dem amerikanischen Bürgerkrieg (1861–65) in die Städte des Nordens vergleichbar war – wenn sie auch nie deren zahlenmäßige Dimension annehmen konnte. Auch in Australien setzten Landflucht und Gettoisierung, vor allem aber eine hohe Arbeitslosigkeit ein. Der traditionelle Bezug zum Land wurde so noch mehr geschwächt, wodurch die soziale Malaise noch zunahm. Die Entfremdung mag es sein, die zu dem Eindruck einer Vierten Welt führte, der in Kap. 12 erörtert wird.

Ein Problem, das erst spät thematisiert wurde, waren die sogenannten *stolen wages*. Dabei ging es um den Lohn für Arbeit, die Jugendliche zwischen 1900 und 1970 in Reservaten und Missionen geleistet hatten, der aber nie bezahlt wurde. Erträge

Abb. 4: Day of Mourning zur
150-Jahr Feier Australiens, 1938

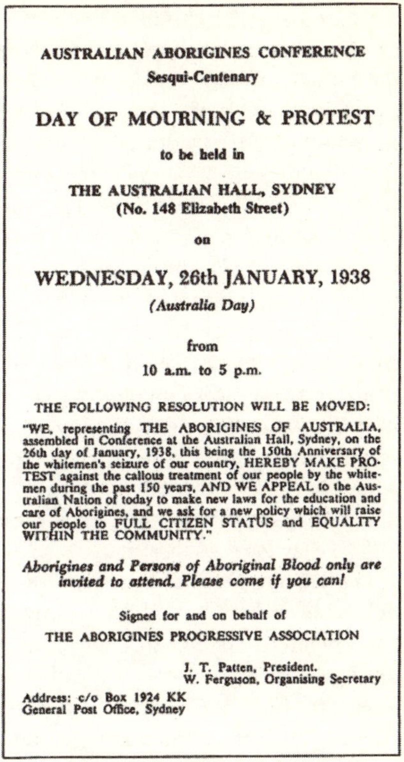

AUSTRALIAN ABORIGINES CONFERENCE
Sesqui-Centenary

DAY OF MOURNING & PROTEST

to be held in

THE AUSTRALIAN HALL, SYDNEY
(No. 148 Elizabeth Street)

on

WEDNESDAY, 26th JANUARY, 1938

(Australia Day)

from
10 a.m. to 5 p.m.

THE FOLLOWING RESOLUTION WILL BE MOVED:

"WE, representing THE ABORIGINES OF AUSTRALIA, assembled in Conference at the Australian Hall, Sydney, on the 26th day of January, 1938, this being the 150th Anniversary of the whitemen's seizure of our country, HEREBY MAKE PROTEST against the callous treatment of our people by the whitemen during the past 150 years, AND WE APPEAL to the Australian Nation of today to make new laws for the education and care of Aborigines, and we ask for a new policy which will raise our people to FULL CITIZEN STATUS and EQUALITY WITHIN THE COMMUNITY."

Aborigines and Persons of Aboriginal Blood only are invited to attend. Please come if you can!

Signed for and on behalf of
THE ABORIGINES PROGRESSIVE ASSOCIATION

J. T. Patten, President.
W. Ferguson, Organising Secretary

Address: c/o Box 1924 KK
General Post Office, Sydney

aus der Landwirtschaft und aus dem Verkauf von Kunsthandwerk wurden an einen Fond abgeführt. Die Löhne sollten ausgezahlt werden, sobald die Jugendlichen erwachsen waren. Zum Beispiel wurde der Aborigine Harry Jackson seinem Großvater mit 13 Jahren geraubt und musste fortan auf Farmen und in Mühlen arbeiten. Er erhielt keine Bezahlung, und laut BBC Asia-Pacific Service vom 6. Dezember 2004, wurden ihm $ 4000 von der Regierung Queenslands als Vergleich angeboten. Die Debatte über die ‹gestohlenen Löhne› führte zu einem Vergleich mit der Zwangsarbeiterproblematik im Dritten Reich. Australische Zeitungen berichteten, dass die deutsche Regierung einıehmliche Regelungen über die Zahlung der Kompensation ıııı Polen, Russland und der Jewish Claims Conference getroffen hat. Australien verweigert indessen noch heute analoge Lösungen. So spielt die Regierung von Neusüdwales laut *National Indigenous Times* vom 15. April 2003 auf Zeit und verkehrt Regierungsbeschlüsse in ihr Gegenteil.

In den 60er Jahren entstand in Australien eine wichtige Bewegung, die sich gegen den Uranabbau und – relativ unabhängig davon – für die Rechte der Aborigines einsetzte. Ein Faktor, der in diesem Kontext nicht unerwähnt bleiben kann, ist die persönliche und politische Verbindung zu Deutschland. Aus der politischen Bewegung der 68er sind dort die Grünen hervorgegangen. Und zwei ihrer bekanntesten Repräsentanten, Petra Kelly und General a. D. Bastian, thematisierten ökologische Fragen, organisierten den Protest gegen den Uranabbau und gegen Menschenrechtsverletzungen und halfen mit, eine internationale Plattform aufzubauen, die von Führern der Aborigines wie Gary Foley gern genutzt wurde.

Die weitere Entwicklung wird in Teilen in Abschnitt C behandelt. Zusammenfassend seien einige Beispiele genannt. Am Nationalfeiertag 1972 wurde die erste Zeltbotschaft, *tent embassy*, am Fuße des Parlaments in Canberra von Aktivisten der Aborigines errichtet. Sie war eine Reaktion auf die Absicht der Regierung, Landrechte nur unter der Bedingung zu gewähren, dass Aborigines das Land sinnvoll nutzen. Es kam mehrfach zu Zusammenstößen mit der Polizei, die zum Abriss der Zeltbotschaft führte, die später wiederaufgebaut wurde. Ein weiterer Schritt in der Nachkriegsentwicklung war, dass es zur Zeit des ausgeprägten Multikulturalismus (etwa 1980–1995) gelungen war, eine Koalition zwischen Aborigines und der breiten Öffentlichkeit zu schmieden, die die vorhandene Basis noch erweiterte und die Belange der Aborigines in der Sozial-, Erziehungs- und Sprachpolitik auf die nationale Agenda hob. In dem Maße, in dem Aborigines selbst Akteure der Politik wurden, bildete sich eine intellektuelle und kulturelle Elite heraus, die auch innerhalb der Aboriginegruppen kontroverse Debatten über Ziele und Methoden aboriginärer Politik ausgelöst hat. Namen wie

Gary Foley (Melbourne), Robert Eggington (Perth), Lowitja O'Donaghue und Noel Pearson (Cape York) sind hier zu nennen. In Verbindung mit Basisinitiativen konnten so politische Erfolge erzielt werden. Einige Aborigines sind Senatoren oder Abgeordnete auf Bundes- oder Bundesstaatsebene geworden. Bekannte Namen sind Neville Bonner (Senator), Carol Martin (WA), John Ah Kit (NT, Minister a. D.), Aidan Ridgeway (Senator). Im Nordterritorium gibt es eine Ministerin indigener Abstammung.

B. Die vorkoloniale Periode – traditionelle Strukturen

Die Erschließung des Kontinentes dauerte über 100 Jahre. Das führte dazu, dass traditionelle Strukturen weiterbestehen konnten. Sie erhielten sich im Allgemeinen besser in den Regionen, die spät von Europäern erschlossen wurden; das ist aber keineswegs immer so gewesen. Vieles hing davon ab, was nach der Eroberung geschah. Darwin, Alice Springs oder Broome wurden spät gegründet, und doch sind die alten Strukturen dort nicht so fest verankert wie in den Kimberley, Arnhem Land oder Zentralaustralien. Auch kleinere Städte wie Tennant Creek, nördlich von Alice Springs, sind vom Verlust stärker betroffen als das Umland. Der Unterschied ist eher zwischen den Städten und dem Land auszumachen. Die Landbewegung, das *outstation movement*, der 1980er Jahre hat dem eingetretenen Kulturverlust entgegengewirkt und das Wiederaufleben traditioneller Formen gefördert. Wir wenden uns daher den Themen zu, die für das Verstehen der alten Strukturen – im Vergleich mit den neuen – wichtig sind.

5. Traumzeit, Traumpfade und Totems

Religiöse Tänze, Menschen mit weißer Brustbemalung, Ekstase im Tanz, all das kann man in den Kirchen des Nordens erleben; eine Symbiose zwischen dem Glauben der Aborigines und dem, den die Missionare seit den 1820er Jahren eingeführt haben. Als der Herrnhuter Pastor Hagenauer eines nachts lautes ‹Gebrülle› vernahm, rannte er in Richtung der Geräusche. Entsetzt erlebt er einen Korroborie, einen ‹Vergnügungstanz›, wie er ihn nennt. Er ruft in die Menge, die Tanzenden mögen einen Moment innehalten, aber die ‹Weiber kreischen weiter›. Der Rhythmus wird lauter, der wilde Tanz beginnt erneut. Erschüttert zieht er sich zurück. Auf einem Baumstumpf sitzend, betet er für die Verblendeten. Abb. 5 zeigt ein modernes Korroborie.

Hagenauers Reaktion zeigt nicht nur das Unverständnis, sondern auch die fundamentale Andersartigkeit der Religion, die auch heute noch besteht. Charlesworth hält die Unterschiede für zu groß, als dass die Grundsätze der einen Religion in den Kontext der andern übersetzt werden könnten. Es gäbe «zwei Visionen australischer Religion oder Spiritualität, die miteinander unverträglich seien.» (1998: XX). Das müsse man hinnehmen, so wie man sich an unvereinbare Rechts-, Landrechts- und Kunstsysteme gewöhnt habe.

Die Traumzeit, das dreaming

Die Religion und ihre Ausdrucksformen gehen zurück auf die Traumzeit. In der Sprache der Aranda in Zentralaustralien heißt sie *alcheringa*, im Warlpiri *tjukurrpa*. Andere Sprachen haben andere Wörter, die in etwa das gleiche meinen. Die britischen Ethnologen Baldwin Spencer und Francis Gillen übersetzten *alcheringa* mit ‹dreaming›, was im Deutschen zu ‹Traumzeit› wurde. Was steht nun hinter *Traumzeit*, dem *dreaming*? Was Traumzeit meint, ist eine Periode, die mit der Vorstellung einer linear fortschreitenden, vergehenden und messbaren Zeit unvereinbar ist. In dieser ‹quasi-historischen› Zeit wurden den Menschen das Land, die Religion, die Totems u. a. m. verliehen.

Die Geschehnisse der Traumzeit liegen in der Vorstellung der Aborigines zwar in der Vergangenheit, aber die Menschen interagieren mit der Traumzeit durch Rituale. Die Traumzeit ist in Geschichten gegossen, die das erzählen und erklären, was die Schöpfungsfiguren auf ihren Reisen taten: Sie schufen die topographischen Gegebenheiten, die Berge, Flüsse, das Meer und den Himmel; sie formten die heiligen Orte, wo sie weilten, gaben Tieren und Pflanzen ihre Namen. Auf sie gehen die heiligen Regeln, die Normen des Zusammenlebens, das Gesetz und das Recht zurück. Sie legte die sozialen Rollen fest, deren Einhaltung dafür sorgte, dass das Leben geordnet verlief. Am Beispiel der Spinifex schreibt Cane, dass *tjukurrpa* einen Verste-

Abb. 5: Ein modernes Korroborie

henskodex darstellt, der das gesamte soziale und individuelle Leben umfasst. Er enthält Verhaltensregeln bei Katastrophen wie Fluten und Bränden oder für die Pflege der Umwelt. Wenn die Spinifex über Pfade und Stätten redeten, dann bezogen sie sich auf die sozialen und politischen Werte, die sie mit ihnen verbanden. Mit solchen Eigenschaften kommt *tjukurrpa* einer Weltanschauung gleich, die den Menschen Sicherheit bietet. Sie ist aber kein geschlossenes System, sondern integriert das, was seit der Kolonisation geschehen ist. Sie verbindet den Einzelnen und die Gruppe mit dem, was damals geschah. Was allerdings daraus folgte und was man anfangs nicht wahrnahm, war, dass es keinen Lebensbereich, keine Gegend, nichts in der Flora und Fauna gab, das nicht mit der Traumzeit zu tun hatte. Die Traumzeit durchdrang alles, eine Trennung zwischen säkularem und religiös-geistigem Leben war weder möglich noch sinnvoll.

Wenn man sich diese Weltanschauung vor Augen hält, kann man einige Verallgemeinerungen bezüglich der Religion der Aborigines treffen. Die erste ist, dass es Ableitungslinien gab, ja geben musste, die den Einzelnen und Gruppen mit der Traumzeit verbanden, genauer gesagt, mit dem Teil verbanden, der ihnen ‹gehörte›. So kann jemand sagen, ‹das ist mein *dreaming*›. Das persönliche *dreaming* bettet jemanden in das größere soziale Umfeld ein. Und diese Einbettung und Bindung kommen über die väterliche Linie zustande (vgl. Kap. 6). Eine weitere Verallgemeinerung ist, dass das *dreaming* nie in Frage gestellt wurde. Es war «im Glauben» evident, so wie es im Christentum für viele evident ist, dass Christus auferstanden und gen Himmel gefahren ist. Doch gab es im Christentum Zweifler, was innerhalb der Religion der Aborigines kaum der Fall war. Weitere Glaubenssätze sind das Vorhandensein der Gruppen selbst, die Welt der Lebewesen, die der Topographie, die Gebräuche und Gesetze, die Sprache. Niemand versuchte, der Zirkularität von Schöpfung und Gegeben-Sein zu entkommen. Eine dritte Verallgemeinerung ist, dass die Religion weder Götter noch *einen* Gott kennt: Sie ist nicht-theistisch, «gott-los». Die letzte Verallgemeinerung folgt aus der lokalen Gültigkeit der Religion: Sie ist mehr ein Thema der Geographie denn der Theologie, sie ist eine *geo-sophische* Religion. Die Landbindung war für die Identität Einzelner und von Gruppen grundlegend. Dabei ging es immer nur um das Land, das Eigentum der Lokalgruppe war und worauf sie oder einzelne Glieder ein Recht hatten. Das Land anderer Gruppen und ihr *dreaming* wurden respektiert, aber es gab, wie wir sehen werden, Traumzeitpfade, die Landstriche mit ihren *dreamings* wie eine Kette miteinander verbanden.

Traumpfade –
Ketten von Traumzeitgeschichten

Da die Schöpfungswesen jeweils Ketten von Landstrichen mit ihrer Topografie, Fauna, Flora und Menschen schufen, ist klar, dass manche der Geschichten (in eventuell modifizierter Form) in mehreren Landstrichen bekannt waren. So entstanden Ketten von sich überlappenden Geschichten, die jeweils einer anderen Lokalgruppe ‹gehörten›. Sie wurden angereichert und mit anderen Geschichten verbunden. Auf diese Weise entstanden Varianten und Erweiterungen, die die Lokalgruppen miteinander teilten, die sie aber auch trennten. Bruce Chatwin hat das unter

dem Begriff *songlines*, auf Deutsch *Traumpfade*, bekannt gemacht. Die Traumpfade sind Pfade, an denen die Kultstätten verschiedener Gruppen liegen. Das bedeutet, dass die Mythen auf-
geteilt sind: jede Lokalgruppe kennt nur ihren Teil, niemand
hat das Gesamtbild, das ganze Wissen. Das Teilwissen eine, da
die Teile als zusammengehörig gesehen wurden und man sich
periodisch zu Zeremonien und Riten traf, die sie symbolisch
zusammenfügten. Teilwissen addierte sich zu einem Gemein-
eigentum.

Die Traumzeit wird in Geschichten mündlich weitergegeben.
Sie wurden Teil des sozialen Gedächtnisses und waren, wie eben
gesagt, nur für die zugänglich, die ein Recht darauf hatten. Eine
Schöpfungsgeschichte wurde bereits in Kap. 2 erzählt, hier soll
nun eine Geschichte aus dem Nordterritorium referiert werden:

Es war die Zeit des Fischens. Zwei Jungs wurden ausgewählt, die Männer zum Meer zu begleiten. In guter Entfernung vom Meer schlugen die
Männer das Camp auf und ermahnten die Kinder, im Camp zu bleiben.
Als besondere Ehre, so wurde ihnen gesagt, durften sie die Ausrüstung
bewachen. Proteste und Bitten, mitkommen zu dürfen, halfen nichts.
Sie müssten warten, bis sie älter seien. Wenn sie nicht gehorchten, drohe
Gefahr. Die Regenbogenschlange, die im Meer lebte, oder die Dingos
würden sie angreifen. Alle Ermahnungen fruchteten nicht: die Kinder
liefen weg. Und als sie im Meer schwammen, zog sie der Strom ins
Meer, und die Thugine-Schlange verwandelte sie in Felsen, die nun vor
der Küste stehen.

An einem Ereignis zeigt die Geschichte die Verhaltensregeln,
die Strenge der Bestrafung und fungiert so als Ermahnung. Geschichten wie diese sind mit europäischen Märchen nur bedingt
vergleichbar, denn die normative Kraft der darin enthaltenen
Aussage stand nicht in Frage. Man sah sie ja überall physisch
in Form der Stätten bestätigt. Es sind also keine Geschichten,
die man erzählte, wie man Bettgeschichten erzählt. Welche der
Geschichten erzählt wurde, hing davon ab, ob die Kinder reif
waren, einen weiteren Schritt zu tun, um in die Rolle des Erwachsenen und später Ältesten hineinzuwachsen.

Das geheime Wissen über die Traumzeit

Das Wissen über die Traumzeit war nicht nur über Gruppen verteilt, sondern auch auf auserwählte Träger innerhalb derselben. Modern ausgedrückt, könnte man von einer Wissensgesellschaft reden, in der die Träger von bestimmten Arten von Wissen – etwa über die Schöpfungswesen, die Heilpflanzen, das Recht – herausgehoben sind. So gab es den *medicine man*, den Medizinmann, und den *law man*, der Recht sprach. Dieses Herausgehobensein war funktionaler Natur und führte nicht zu einer höheren Stellung. Wissen teilte sich ein in das für Männer und das für Frauen, was ins Englische mit den Begriffen *women's business* und *men's business* einging. Es ist für das jeweils andere Geschlecht tabu. Um 1996 lenkte der Plan der Regierung Südaustraliens, eine Brücke zwischen dem Festland und der Hindmarsh-Insel zu bauen, den Blick der Öffentlichkeit auf die Bedeutung der Geheimhaltung. Aus Sicht der Aborigines tangierte der Plan heilige Stätten, das diesbezügliche Wissen war aber *women's business*. Und das führte zu einem Problem: Der männliche Minister durfte davon keine Kenntnis erlangen. So schrieben die Frauen, die das Wissen hatten, Details an eine weibliche Person. Der Brief wurde jedoch – sei es nun aus Versehen oder mit Absicht – dem Minister vorgelegt, was einen bitteren Streit nach sich zog.

Ein weiterer Ausdruck der Religion ist der Totemismus, der auch aus Nordamerika bekannt ist. Lapidar gesagt, stellen Totems eine Beziehung zwischen Einzelnen oder – wie in Australien – Gruppen her. Totems strukturieren somit das Verhalten in Bezug auf die Welt, die Konventionen der Gruppe, etwa die Heirat, usw. Sie erlegen dem Träger bestimmte Pflichten auf. Wenn z. B. das Totem ein Tier ist, sagen wir ein Känguru, dann wird es der Betreffende nicht jagen oder essen. Er wird niemanden heiraten, der dieses Totem hat, auch wenn anderweitige Voraussetzungen erfüllt sind. Totems schaffen Bindungen, die über Verwandtschaft hinausgehen. Das Wissen über das Totem eines Menschen oder einer Gruppe ist notwendig, um entsprechende Folgerungen zu ziehen, es setzt aber eine Vertrautheit voraus, die nicht generell gegeben ist und nicht automatisch gewährt wird.

Das traditionelle Gesetz

Im Hinblick auf die Änderungen, die das britische *common law* mit sich gebracht hat, ist eine Schlussbemerkung über das traditionelle Recht erforderlich. Das Recht ergab sich, wie schon gesagt, aus dem, was in der Traumzeit geschah. Lokalgruppen hatten dafür Älteste, eben die *law men*. Oft wurde Unrecht unmittelbar durch die Beteiligten geahndet, was verschiedene Formen annehmen konnte. Typisch waren Verhandlungen, die zu einer Sühnestrafe, dem sogenannte *payback*, führten. Es konnte aber auch ein Kampf vereinbart werden, der mit dem Tod hätte enden können. Das geschah, so berichten Beobachter, selten, da der Stärkere den Kampf einfach einstellte – die Sühne war erreicht. Es gab aber härtere Strafen, die zum unmittelbaren oder baldigen Tod führten. Bei solchen Verstößen konnte es geschehen, dass der *clever man* ‹mit dem Knochen auf jemanden deutete›. Der Knochen kam einem Todesurteil gleich. Der Betroffene, der von der Gemeinschaft ausgeschlossen wurde, starb in der Tat oft bald.

6. «Alles hat seine Ordnung» – Individualität und Gruppe

Zu Beginn der Kolonisation war man wenig geneigt, lange Überlegungen über die sozialen oder politischen Strukturen der Aborigines anzustellen. Was man sah, waren kleine, durch das Land schweifende Gruppen, gelegentlich Ansammlungen von mehreren Hundert Menschen. Man nahm an, dass es sich um Stämme mit jeweils einem Häuptling handelte. So verwundert es nicht, dass man im australischen Englisch des 19. Jahrhunderts Wörter wie *chieftain* ‹Häuptling› findet, die eine solche Rolle suggerieren. Wie sich herausstellte, war das bestenfalls zum Teil wahr – die Strukturen waren komplexer.

Die Forschung zu den sozialen und politischen Strukturen setzte spät und zu einer Zeit ein, in der sich die Situation aufgrund der Kolonisation schon verändert hatte. So kam man zu keinem allgemein anerkannten Konsens; mehr noch, die regionalen Strukturen, die allmählich bekannt wurden, erschwerten die Lösungen. So fand man sehr bald heraus, dass das Betreten des Landes anderer, von dem auch hier immer wieder die Rede war, nicht überall gleich rigide gehandhabt wurde. Das Land anderer wurde in der Western Desert oder in Arnhem Land durchaus für die Jagd und das Sammeln genutzt. Eine Einheitlichkeit für den Kontinent ist also nicht zu erwarten. Das gilt auch für die Hierarchien der Gruppen. Welche Art von Gruppe prägte das tägliche Leben? Welche hatte eher symbolischen Charakter, der vergleichbar ist mit der Nation? Wir können uns nicht auf diese Probleme im Detail einlassen und werden uns mit einem Überblick begnügen.

Die Sozialstrukturen

Grob gesprochen geht man davon aus, dass es eine größere Einheit gab, die man als Stamm bezeichnen könnte. Stämme waren Eigentümer von Land und hatten Rechte und Pflichten, die zum Teil schon genannt wurden. Die Mitglieder verband ein Gefühl der Zusammengehörigkeit, sie hatten eine gemeinsame Sprache. Wenn man sich das vor Augen hält, liegen Begriffe wie ‹Nation› und ‹Volk› nahe, die für die post-koloniale Phase auch verwendet werden (Berndt/Berndt 1996). Man spricht heute gerne von Nationen oder Völkern. In der Praxis ist nicht alles so klar, denn örtliche Gruppen hatten oft einen intensiveren Kontakt mit Nachbarn, die nicht zum eigenen Stamm gehörten. Stämme teilten sich in Stammeshälften oder *moieties*, die durch eine Abstammungslinie mütter- oder väterlicherseits definiert waren. Der Gegenpol zum Stamm war die Kernfamilie, die man, wie in Abb. 6, als Familie darstellte. Sie war es, die oft allein durch das Schweifgebiet zog, sich aber locker mit anderen verband, wenn es die Jagd oder anderes erforderte. Zwischen Stamm und Familie lag das, was man als *Band*, Klan oder Lokalgruppe bezeichnet hat. Es waren diese mittleren Gruppen, die die tatsächliche Kontrolle über das kommunale Land ausübten. Kleinere Gruppen verfügten über ein Lager oder *camp*. Bei Landrechtsfragen verwendet man heute juristische Begriffe wie *prescribed body corporate*, die als Verhandlungspartner bei Übereinkünften auftreten.

Neben Abstammungsgruppen wurden ‹Funktionsgruppen› unterschieden, die z. B. ein gemeinsames Totem hatten. Interessant ist die Frage, ob es höhere politische Einheiten gab, die in einer größeren Region Einfluss hatten. Kulturblöcke, wie sie von den nordamerikanischen Indianern bekannt sind, sind schwer auszumachen. Dennoch spricht man vor allem in Zentralaustralien von Blöcken, die eine gewisse Kultureinheit repräsentierten.

Die gruppeninterne Struktur war, durch Aufgaben oder Funktionen und über das Wissen definiert. Auch wenn man heute immer wieder von einer Art *estate manager* (Verwalter) spricht, der über das relevante Wissen verfügt haben soll, lag die Verantwortung für das Land meist in den Händen verschiedener Ältester. Für andere Bereiche gab es den *law man*, den *medicine man* usw. Diese Strukturen führten dazu, dass niemand für die Gruppe als Ganzes sprechen konnte, schon gar nicht für eine andere. Grundlegend war die Trennung ins *men's* und *women's business*. Je nach dem Status des zur Debatte stehenden Wissens wurden Fragen im entsprechenden Kreis besprochen, bis ein Konsens erreicht war. Das konnte dauern, zeigt aber, dass die Gruppen hoch strukturiert und dabei nach innen doch egalitär waren.

Abstammung, Geschlecht, Lebenszyklus

Die Abstammung wurde über die väterliche oder mütterliche Seite bestimmt. In weiten Bereichen waren Gruppen patrilineal strukturiert. Es gab aber auch matrilineale und ‹ambilineale› Gruppen. Ambilineal waren solche, bei denen die väterliche oder mütterliche Linie, ja sogar die Umstände, in denen ein Kind aufwuchs, wichtig war. Besonders in Zentralaustralien gab es ambilineale Systeme. Experten meinen, sie seien für die schwierigen Verhältnisse dort die flexibleren und geeigneteren Struktu-

Abb. 6: Die Familien
als kleinste soziale Einheit

ren gewesen, um auf die Folgen unvorhersehbarer Katastrophen reagieren zu können. Wenn man die Tatsache berücksichtigt, dass Zentralaustralien spät besiedelt wurde, ist es auch denkbar, dass die Gruppen einen Wandel durchmachten, den die Kolonisation anderswo verhinderte.

Kinder wurden mit der Geburt in eine bestehende Familien- und Gruppenstruktur hineingeboren. Die Abstammungslinie definierte ihren Platz im Sozialgefüge: ihre Beziehungen zu den anderen Mitgliedern der Gruppe und zu Menschen außerhalb dieser, ihre Muttersprache, ihr *dreaming*, ihre Totems, ihren Bezug zum Land mit seiner Topografie und, eher langfristig, ihre Rechte und Pflichten auf und in anderen Ländereien wie dem der Mutter. Da das Geschlecht eine so zentrale Rolle innehatte, ist es verständlich, dass die Verwandtschaftsbeziehungen davon bestimmt waren, was sich auch in den Sprachen niederschlug. So gibt es zwei Wörter für die Großmutter, je nachdem, ob es die Mutter der Mutter oder die des Vaters ist. Das gleiche gilt für Nichten und Neffen, Cousinen und Cousins. Es wird immer entweder die männliche oder weibliche Abstammungslinie zum

Ausdruck gebracht, was mehrere Generationen einschließen konnte. Um etwas weiter auszugreifen, es gibt Wörter für Personen, die über eine männliche Linie miteinander verwandt waren: Geschwister Sohn und Großvater ein Mann und der Onkel väterlicherseits. Ohne weiter auf Details einzugehen, sei ergänzt, dass diese Beziehungen mit familiären Pflichten verbunden waren und dass Verwandtschaft noch heute ein zentrales Strukturelement ist.

Im Laufe des Heranwachsens wurden Kinder mit den für sie wichtigen Aufgaben durch Teilnahme und Beobachtung bekannt gemacht. Ein formelles Erziehungssystem gab es nicht. Jungen wurden ab etwa sieben Jahren in einfache Arbeiten beim Jagen eingeführt, Mädchen erlernten bei den Frauen die für sie vorgesehenen Aufgaben in der Erziehung, dem Jagen und Sammeln. Das tiefer liegende Wissen über das *dreaming*, den Verhaltenskodex und das für sie persönliche *dreaming*, also die Bedeutung des Ortes der Geburt usw., erwarben sie in einer Serie von Initiationen. So wurden Jungen für mehrere Wochen aus der Gruppe genommen, mit der Fauna, Flora und den Jagdtechniken vertraut gemacht. Ein Ältester der Torres Strait Inseln beschreibt das so:

Während dieser Zeit macht er eine Diät, erlernt die Geheimnisse des Jagens und die Fertigkeiten, nützliche Werkzeuge herzustellen, wie den Stock fürs Graben oder Harpunen. Er lernt ein spezielles Gesetz der Gruppe und den Respekt vor den Verwandten, die ihn *Imi* nennen. Er muss nun eine Frau nehmen, es lernen, wie man die Familie beschützt und für sie sorgt. Nachts lernt er das Wissen über den Himmel und seine Wunder. Die Sterne sagen das Wetter voraus ... Am Ende wird er sein Land so gut kennen, dass er überleben kann. (*Elders* 2003: 93)

Auch für Mädchen gab es zur Zeit der Reifung eine ähnliche Initiation. Sie verließen die Gruppe und wurden von einer Tante über Hygiene, Geburt und Kindererziehung aufgeklärt. Die Initiation war auch ein Anlass zur Bewährung bei schmerzvollen Aufgaben. Die Beschneidung bei Jungen (und in manchen Regionen auch bei Mädchen) ist eine davon. In manchen Stämmen wurde sie am Ende der Adoleszenz, in anderen schon zu Beginn der Pubertät durchgeführt. Am Ende der Erstinitiation war ein Junge (fast) zum Mann, ein Mädchen (fast) zur Frau geworden. Sie hatten die Rudimente des Lebens eines Erwachsenen erworben. Das Wissen über die Umwelt, den Kodex, die Riten, die Traumzeitgeschichten, die Bedeutung der Muster für die Körper- oder Sandmalerei, wurde ihnen in Form von Riten im Laufe der weiteren Reifung mitgeteilt. Auf diese Weise schuf diese *Wissensgemeinschaft* eine allgemein akzeptierte Struktur, die ein hohes Maß an Kontrolle und Sanktionen nach sich zog, und ohne dass es ein formelles Sanktionssystem gab.

Oft war mit der Initiation die Wahl eines Heiratspartners verbunden, der aufgrund einer Reihe von Kriterien meist bereits vorbestimmt war. Das Grundmuster der Ehe war Exogamie: Die Frau musste aus einer anderen Gruppe kommen. Gleiche Totems wurden als direktes Verwandtschaftsverhältnis gedeutet und schlossen einander aus. Aufgrund solcher Regeln kannten sich die Partner ja meist sowieso, und so waren Konventionen nötig, um die Ordnung zu erhalten. Das konnte z. B. den verbalen Kontakt ausschließen: «Du sprichst nicht mit der Frau, bis du verheiratet bist. Du kommst ihr nicht nahe. Der Stamm des Schwiegervaters ist ein anderer Stamm», sagt ein Ältester. Auch mit der Schwiegermutter bestand eine ‹Vermeidungsbeziehung›; man konnte nicht direkt mit ihr sprechen oder musste einen bestimmten Redestil wählen.

Der Tod war ein dramatisches Ereignis, das eine Reihe von Zeremonien nach sich zog. Eine der Trauerzeremonien war das sogenannte ‹Berauchen›, das *smoking*. Der Rauch schwelender Blätter sollte die Geister versöhnen. (Diese Praxis ist in letzter Zeit wieder belebt worden und wird bei bestimmten öffentlichen Anlässen durchgeführt.) Die Bestattung folgte bestimmten Riten, die eine Älteste der Wa-Dandi und der Bibbulman, die an der Küste weit im Süden Westaustraliens leben, folgendermaßen beschreibt: «Wir beerdigten ihn [den Vater] in seinem Land auf traditionelle Weise. Die Noongars setzten den Leichnam mit dem Blick nach Osten ins Grab. Wenn die Sonne aufgeht, erwärmt sie seinen Geist und scheint auf ihn, wenn sie untergeht. Wir hüllen ihn in Holzrinde ein, legen alles bei, was die Familie für die Reise in das nächste Leben mitgeben will. Sie kommen als etwas anderes zurück auf die Erde. Die Erde ist unsere Mutter, wir kommen immer zurück.» Die Rückkehr kann in Form eines Menschen, Vogels oder anderen Tieres erfolgen. Nach der Beerdigung folgt die *sorry time*, die Trauerzeit, während derer der Name des Verstorbenen nicht genannt werden darf. Man bezieht sich auf ihn über seine Familienstellung, z. B. als ‹Onkel von›. Wenn der Name mit einem gebräuchlichen Wort identisch oder ihm ähnlich ist, ist es tabuisiert und wird durch ein anderes aus einer anderen Sprache ersetzt.

Riten

Riten und Zeremonien waren für das religiöse und soziale Leben die zentralen Ereignisse, die die Gruppe, den Stamm und Nachbargruppen einbezogen. Sie konnten Tage und Wochen dauern. Neben Riten, die den Lebenszyklus markierten oder, wie die religiösen Tänze oder Korrobories, religiöse Funktionen hatten, gab es solche, die die Umwelt über ein Anrufen der Traumzeitheroen beeinflussen sollten. Dazu gehörten Fruchtbarkeits- und Wachstumsrituale. Ihre konkrete Ausführung wurde vor Beginn von den Ältesten besprochen, um sicher zu sein, dass sie mit der allseits anerkannten Tradition im Einklang stand, was einen Konsens über eventuelle Abwandlungen nicht ausschloss.

7. «Wir sind aus dem Land» – die Bindung an das Land

‹Wir kommen aus dem Land›, ‹das Land gibt uns alles›, ‹das Gesetz kommt aus dem Land› – das sind Aussagen, auf die man immer wieder stößt. Der Begriff ‹zweite Haut› beschreibt die Bindung an das Land recht gut, hebt aber die spirituelle Komponente nicht deutlich genug hervor. Für Aborigines geht die Landbindung aus der Traumzeit hervor – sie sitzt tiefer als z. B. bei Europäern. Bei der Geburt werden dem Kind Pflichten für das Land übertragen und durch Initiationen später erklärt. Im

Folgenden sollen einige Aspekte des Landbezugs darge[l]
damit der Hintergrund für Kap. 13 bereitgestellt werden, ..
um die heutigen Landrechtsfragen geht.

«Um Land kämpften wir nie, nie um Landstriche. Es war das
Land, das die Grenzen schuf, nicht wir», schreibt Meenamatla
Everett, eine der Ältesten der Aborigines Tasmaniens, und fährt
fort: «Das Gesetz des Landes und unsere Verantwortung wurden durch das Land festgelegt.» (*Elders* 2003: 58). Man kannte
die Zentren des jeweiligen Landes aufgrund der Stätten, wusste
von deren Bedeutung, wer sie zu pflegen hatte – und akzeptierte
das als gegeben. Für Fremde ist es unvorstellbar, dass es über
Land keine Konflikte gegeben haben soll, wie man sie von den
amerikanischen Indianern oder den Völkern Afrikas her kennt,
ganz zu schweigen von Europa. Das Land wurde respektiert, ein
Grundbuch war nicht nötig. Wenn es zu Konflikten kam, dann

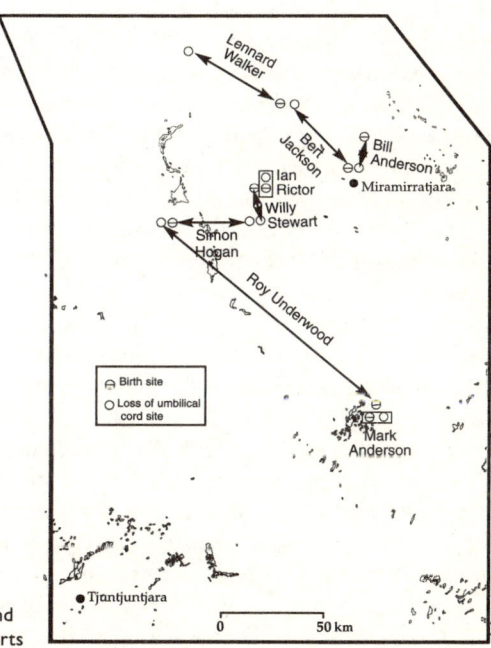

Karte 4: Bezug zum Land
aufgrund des Geburtsorts

über die unerlaubte Jagd oder andere Aspekte der Landnutzung – und sie konnten in lang andauernde Auseinandersetzungen einmünden.

Yami Lester legt dar, dass «die Kultur nicht vom Land getrennt werden kann. Das Land schreibt die Geschichten, die erklären, wie die Menschen, die Höhlen, die Berge und Bäume dorthin kamen. Das Land ist voller Geschichten. Jede Meile ist wie ein kleines Buch. Es ist wie eine Geschichte, die die Kinder lernen. Das Land hält die Menschen zusammen, es hat eine spirituelle Bedeutung für sie. Sie sind voller Trauer, krank, wenn ihrem Land etwas zustößt.» (Mattingley/Hampton 1992: 72).

Der Landbezug kann nicht durch Erwerb oder Veräußerung erhalten oder abgegeben werden. Er bedingt unterschiedliche Rechte, die man durch die Unterscheidung zwischen Kern- und Sekundärrechten beschreibt. Zu den Kernrechten gehört das Recht, den Zugang zu regeln sowie konsultiert zu werden, wenn das Land anders als traditionell genutzt werden soll. Sie umfassen das Recht und die Pflicht, die Geschichten zu bewahren. Sekundärrechte beinhalten die Nutzung der Ressourcen zum Zwecke des Jagens, Sammelns, Fischens oder den Gebrauch von Farben für die religiöse Malerei. Die Kernrechte werden meist väterlicherseits, die Sekundär- oder Nutzrechte können mütterlicherseits erworben werden, was das so verschiedene Verhalten der Lokalgruppen beim Jagen erklärt.

Der Anspruch auf Land kann also auf unterschiedliche Art entstehen. Am Beispiel der Spinifex zeigt Karte 4 die Rolle des Geburtsorts und der Stelle, wo die Nabelschnur fiel. Beide Orte verbinden den Betroffenen mit dem Land und schaffen für ihn Rechte, wobei der Geburtsort entscheidender ist als der Ort des Verlustes der Nabelschnur.

Die Grafik stellt beide Orte für vier Personen dar. Für eine der Personen, Rictor, sind beide Orte identisch. Aber auch Stewart wurde dort geboren. Er teilt sich den Ort, an dem die Nabelschnur fiel, mit Hogan, dessen Geburtsort wiederum der Ort ist, an dem Underwoods Nabelschnur abfiel. Rictors and Stewarts Geburtsorte liegen im gleichen Gebiet, so dass sie Primärrechte (in Tuwan) besitzen. Da Stewart der ältere von beiden war, gehen seine Rechte vor. Nach seinem Tod würden sie an Rictor übergehen. Dieses System war weit verbreitet. Aber es gab andere, bei denen der Ort der Zeugung, das damit verbundene Totem, der Ort der Initiation oder die Grabplätze der Eltern eine Rolle spielen. Man sieht aus dieser Komplexität, dass das Denken und die Religion lokal verankert waren. Der Landverlust, den die Kolonisation nach sich zog, war ein verheerendes Ereignis.

Die Urbesiedlung wurde schon in Kap. 2 thematisiert. Wie aber waren die Lokalgruppen oder Stämme über das Land verteilt? Nur Tindale (1974) hat versucht, ein Gesamtbild zu entwerfen, wobei er die damals zur Verfügung stehenden Informationen ausgewertet hat. Es gibt keinen weiteren Ansatz, so dass seine Darstellung noch immer den besten kartographischen Überblick über die Verteilung der Stämme und der Sprachen bietet. Einen Ausschnitt aus dem Gebiet um den Golf of Carpentaria zeigt Karte 5.

Man sieht die Dichte der Stammesregionen in Arnhem Land und Cape York. Wo das Land unzugänglicher ist, z. B. an der Felsküste Arnhem Lands, werden die Gebiete größer.

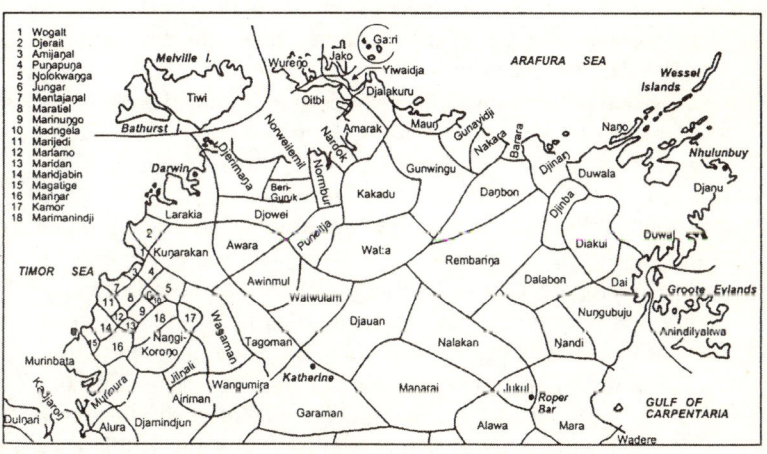

Karte 5: Tindales Modell der Verteilung der Stämme und Gruppen

8. «Wir hatten alles!» –
Jagen, Sammeln und Werkzeuge

Wie viele Weiße in Australien verhungerten oder verdursteten, ist unbekannt. Das Land war karg und unwirtlich. Aber Aborigines verhungerten und verdursteten erst nach und in der Folge der Kolonisation, als man ihnen ihr Land geraubt und es für die Landwirtschaft zweckentfremdet hatte. Aborigines hatten sich durch ihre lange Präsenz dem Land, der Fauna, Flora etc. angepasst, sie kannten ihre Ressourcen. Im Folgenden soll auf die Wirtschafts- und Lebensformen eingegangen werden, die das Leben der Aborigines sicherten: die materielle Kultur, die Lebensmittel, die Handwerkszeuge, den dekorativen Schmuck und die Dynamik der Kulturentwicklung.

Jäger und Sammler

Das nomadische Leben war wesentlich von den Klimaregionen und Jahreszeiten bestimmt. Im Südosten und Südwesten war es anders als in den tropischen Küstenregionen oder den trockenen Wüstengebieten im Zentrum. Sutton (1989: 7) meint, dass die Wirtschaftsform, von graduellen Unterschieden abgesehen, auf der Mobilität der Gruppen begründet war. Eine Bevorratung mit Gütern war daher weder nötig noch möglich. Die Mobilität war aber nicht so eingeschränkt wie man glauben mag, denn die sozialen und religiösen Kontakte mit oft entfernt lebenden Gruppen sorgten für den Austausch der Kultur und den Handel.

Die Lebensweise zielte nicht auf Ausbeutung, sondern auf den pfleglichen Umgang mit Land. Man kannte das Land, las die Zeichen, wusste, wo man nach Wasser graben konnte und wie man es zu tun hatte: «Am Anfang war es schlammig, aber man reinigte es mit einer Schale und trank dann das reine Wasser», berichtet eine der Ältesten der Kupa Piti (*Elders* 2003: 13). Danach wurde das Wasserloch wieder verschlossen, so dass für das nächste Mal reines Wasser vorhanden war. Man sah Gefahren voraus: «Wenn der Hai oder der Stachelrochen aus dem Wasser heraus springt, weiß man, dass die See stürmisch wird», schreibt ein Ältester. Mancher Leser wird sich daran erinnern, dass bei der Tsunamikatastrophe im Dezember 2004 Tiere oft überlebten, denn sie hatten ein Gespür für die herannahende Gefahr. Es war dieses ‹Wissen›, die Fähigkeit, die Zeichen der Umwelt zu lesen, welche die Aborigines befähigte, in dem so gefährlichen Land zu bestehen.

Wenn Großtiere, wie Kängurus, erlegt wurden, die von einer Gruppe nicht allein verzehrt werden konnten, lud man andere ein. Oft jagten verschiedene Gruppen ohnehin gemeinsam, nicht als Kernfamilie, sondern als Lokalgruppe oder Clan oder als eine Anzahl von fähigen Jägern verschiedener Gruppen. In der Erinnerung der älteren Generation symbolisiert das Jagen und Sammeln die Bindung ans Land und die Tradition. Der folgende Ausschnitt aus der Erzählung eines Ältesten der Jaru in Kimberley belegt das Zusammengehörigkeitsempfinden:

Vor langer Zeit aßen wir alles Mögliche aus dem Busch. Während der Regenzeit wohnten wir in Grashütten. Wir hatten keine Kleider und keine Planen, wir kampierten um das Feuer in Grashütten. Wir hatten Feuerstäbe, keine Streichhölzer. Von den Pflanzen, aus denen wir die Feuerstäbe fertigten, gewannen wir auch den Buschtabak. Der wächst hoch in den Bergen. Die Alten kauten alle Buschtabak ... Als Kinder rannten wir ohne Kleidung herum, als wir größer waren trugen wir Kängurufell. (*Kimberley Language Resource Centre* 1996: 215)

Die Jagd auf die großen, gefährlichen Tiere war mit Zeremonien verbunden, durch die man die Geister bat, die Jagd zu segnen. Diese Zeremonien schlugen sich in religiösen Tänzen wie dem Emu- oder Kängurutanz nieder. Manchmal waren bestimmte Techniken und Körperhaltungen erforderlich, um bei der Jagd erfolgreich zu sein, was indirekt aber auch die Tiere vor Überjagung schützte.

Für Außenstehende ist die Nahrungsvielfalt schwer vorstellbar. Eine der Ältesten der Kupa Piti erklärt «Wir haben Glück, wir haben alles. Wir können Emus töten, Kängurus – alles mögliche. Den Waran gibt es bis zum Sommer, nach der Regenzeit findet man sie nicht. Wir haben zu jeder Jahreszeit was anderes zu essen.» (*Elders* 2003: 21). «Wir essen die *Carpet* Schlange, die größer als ein Mensch ist. Sie ist so fett wie eine Anakonda, aber nicht giftig. Überall gibt es das Stachelschwein.» Ein Ältester der Gumatji, östlich des Kakaduparks, erzählt: «Wir Männer, wir jagen alles auf der Erde und alles, was sie beherbergt...: Kängurus, Wallabys, Warane, Emus und, wenn nötig, Büffel. Es gibt eine Reihe von Gänsearten.» (*Elders* 2003: 27). Abb. 7 zeigt eine in der Tradition des ‹edlen Wilden› stehende Darstellung des Fischens.

Was man jagte, hing von der Jahreszeit ab. Im August oder September, in der Trockenzeit also, wurde das Land durch Feuer gerodet, und die Aborigines erlegten die Tiere auf der Flucht vor dem Feuer. Kleine Tiere versteckten sich in Erdlöchern, so sie denn konnten. Nach dem Feuer waren sie leicht zu fangen. Man musste aber Mut haben, um Schlangen aus einem Erdloch zu ziehen. Ein Ältester der Yolngu vom Kakadu Park unterstreicht, wie gefährlich es sein kann, wenn sie am Körper hochkriechen und einen beschnuppern. Die King Brown ist besonders gefährlich und verfolgt ihren Jäger, der sich nur auf einen Baum retten kann. Sie wartet dann unten auf ihn. Um sie zu vertreiben, benötigt der Jäger Feuer oder tränkt einen Ast mit seinem Schweiß, den sie beschnüffeln kann; dann zieht sie ab (vgl. *Elders* 2003: 33 f). Wenn man das Jagen als Landpflege sieht, begreift man, dass es eine der europäischen Landwirtschaft verwandte Bodennutzungskultur gab. Seit 4000 Jahren sind in Cape York Gartenkulturen bekannt, die vermutlich aus Südostasien oder dem westlichen Pazifik stammen.

Das Jagen war Gruppenarbeit, bei der verschiedene Jäger Hand in Hand arbeiteten. Um Schildkröten zu jagen, musste man ein leichtes Boot unbemerkt im Wasser bewegen. Im geeigneten Moment hatte ein Jäger auf sie zu springen und sie an den Spitzen der Flossen festzuhalten, damit sie nicht entkommen können. Andere Jäger zogen sie dann ins Boot. Bei Kängurus brauchte man Geduld, musste sich koordinieren und mit dem Speer im richtigen Moment zuschlagen. Sprechen war dabei ein Hindernis. So entwickelte sich eine Gebärdensprache, die auch anderen Zwecken diente und noch heute vorhanden ist.

Werkzeuge

Die materielle Kultur war einfach und einfallsreich. Werkzeuge für die Jagd, das Sammeln und die Bearbeitung der Lebensmittel wurden in der Frühphase aus den örtlichen Gesteinsarten hergestellt und unterschieden sich nicht wesentlich von denen der Steinzeit in anderen Regionen. In der jüngeren Vergangenheit waren sie aus Holz, Knochen und anderen organischen Stoffen.

Seit etwa 5000 v. Chr. entwickelten sich regionale Muster, wobei sich Neuerungen nur langsam ausbreiteten. So gab es im Norden schon vor 60 000 Jahren geschliffene Äxte, an der Südostküste aber erst vor ca. 5000 Jahren; in Zentralaustralien gar erst vor 1000 Jahren. Morwood (2002: 17) hält das für schwer erklärlich, denn es würde bedeuten, dass diese Axt bei der Urbesiedlung des Landes nicht überall bekannt war. Interessant ist der Bumerang, der eines der ältesten Werkzeuge und Waffen darstellt, und doch außerhalb Australiens unbekannt ist. Zu den alten Werkzeugen gehörten auch Netze und Boote für den Fischfang. Halsketten und dekorativer Schmuck waren ebenfalls bekannt. Eine Kette aus Seemuscheln wird auf 32 000 Jahre v. Chr.

Abb. 7: Beim Fischen

datiert. Ocker wurde schon in den ältesten Felsenmalereien gefunden (www.samuseum.sa.gov.au/tindale, ges. 12.03.05).

Die Werkzeuge waren so gestaltet, dass sie für mehrere Zwecke tauglich, multifunktional waren. Der Bumerang oder *kylie*, wie er in manchen Regionen genannt wird, wurde für das Jagen von Landtieren und Vögeln verwendet, war aber auch ein Musikinstrument. Speere benutzte man zur Jagd von Land- oder Wassertieren, aber auch als Waffen bei der Austragung von Konflikten zwischen verfeindeten Gruppen. Um den Flug des Speers zu beschleunigen, gab es Schleudern, die sogenannte *woomeras*. Zur Abwehr von Speeren wurden Schilder verwendet. Schalen oder gewebte Körbe dienten zum Sammeln und Jagen von Tieren, die im Erdreich lebten. Seit 4000 Jahren waren Werkzeuge zum Mahlen und zum Entfernen von Giften bekannt. Für die Musik bei zeremoniellen Anlässen bediente man sich einer Reihe von Didgeridus sowie des bereits erwähnten Bumerangs.

Medizin

Bei Verletzungen und Krankheiten verfügten Aborigines über ein System aus zwei Komponenten. Für Routinefälle wie Schwellungen oder Verbrennungen gab es pflanzliche Mittel, die die Frauen verabreichten. Für ernstere Krankheiten war ein Schamane, der *medicine* oder *clever man*, zuständig. Er war mit den Wirkungen der Pflanzen vertraut, beschwor aber auch Geister und führte damit ein psychologisches Element in die Heilung ein. Die Wirkung von Routinemitteln lässt sich leicht überprüfen. Die Leistung der Schamanen ist hingegen schwierig zu bewerten und ist Thema internationaler Debatten. Interessant ist, dass Südafrika, das auf eine ähnliche Tradition zurückblickt, das traditionelle System mit der modernen Schulmedizin gesetzlich gleichgestellt hat.

9. Geschichten erzählen –
in Sand, auf Fels und Rinde

Über die Kunst der Aborigines zu sprechen ist weder einfach noch unproblematisch. Noch vor kurzem wurde die Anwendung des Begriffes selbst als ein Akt des Kolonialismus bezeichnet, denn, so die Meinung, Kunst im westlichen Sinne gab es nicht. Was es gäbe, wäre ‹Volkskunst›. Die meisten Sprachen kennen Begriffe, die Zeichen und Muster bezeichnen, die bewusst hergestellt sind, eine Bedeutung haben und nicht durch Zufall in der Natur entstanden sind. Dafür steht das Wort *Kunst*. Die Zeichen und Muster variieren, haben Eigentümer, werden vererbt, veräußert und verändern sich mit der Zeit. Das trifft auf die sogenannte hohe wie auf die Volkskunst zu, somit auch auf die der Aborigines. Aber – und das ist der entscheidende Unterschied zu Europa – sie war religiös, an traditionelle Formen und Muster gebunden und insofern nicht frei, sondern essentiell reproduktiv. Frühe Formen der Kunst waren die Malerei auf Fels, in Sand und auf Baumrinde. Sie ist teilweise bis heute erhalten.

Felsenmalerei

Die Felsenmalerei gehört zu den eindrucksvollsten Kunstformen überhaupt. Sie ist eine sehr alte Kunstform, war aber anders als in Europa bis in die Kolonialzeit hinein lebendig, wie Abb. 1 zeigt. Auf dem Fünften Kontinent ist sie so verbreitet, dass Australien als das Land mit dem größten Reichtum dieser Steinzeitkunst gilt. Entdeckt wurde sie früh. Sir George Grey war 1837 der erste, der die Wandjina Figuren in den Kimberley sah (vgl. Abb. 8). Er hielt es für ausgeschlossen, dass sie von den Aborigines stammen könnten: deren Kunst galt als zu primitiv. Auch sie selbst hielten das oft für ausgeschlossen und meinten, sie seien das Werk der Schöpfungswesen.

Felsenkunst findet sich überall, sie war aber besonders im Norden verbreitet. Die ältesten Exemplare in den Kimberley werden auf bis zu 40 000 Jahre v. Chr. datiert. Sie stellen Landtiere, Jamswurzeln, Fische, Menschen und Waffen dar. Sie zei-

Abb. 8: Wandjinafiguren aus Victoria River

gen auch Großtiere, die wegen der Klimaänderungen oder der
Jagd später ausstarben. Eine Frage, die viele Experten beschäf-
tigt, ist, ob sich anhand der offensichtlichen Unterschiede in den
Motiven und im Stil eine historische Entwicklung in Australien
nachzeichnen lässt, die ein Licht auf die Kulturentwicklung der
Aborigines und die Kulturkontakte nach außen werfen würde.
Das scheint möglich. Der bekannte deutsche Ethnologe Andreas
Lommel etwa hielt einen Kontakt nach Norden für denkbar,
da dort die Felsenmalerei differenzierter als im Süden sei. Er ließ
die Frage aber letztlich offen. Mit Blick auf die Unterschiede
im Stil und der geographischen Verteilung der Malerei gibt es
Versuche, sie mit der Entwicklungs- und Siedlungsgeschichte
zu verbinden (Morwood 2002). Man spricht von drei großen
Stilrichtungen
– dem weit verbreiteten und einfachen Panarmitee Stil
– den Stilen mit einfachen Figuren und Mustern in der Region
  um Sydney oder im Südosten von Cape York
– den Stilen mit komplexen Figuren und Mustern im Norden
Die einfache Panaramiteekunst ist durch ihre geometrischen
Formen bestimmt. Sie ist typisch für Zentralaustralien und die

Abb. 9: Quinkanfiguren aus Cape York

angrenzenden Regionen im Süden und in Queensland. Der einfache Figurenstil hingegen findet sich vorwiegend entlang eines Küstenstreifens rund um den Kontinent, wobei sich lokale Stilrichtungen entwickelt haben Der komplexe Figurenstil schließlich ist nur im Nordosten, in Pilbara, den Kimberley, Arnhem Land und dem Victoria River Gebiet belegt. Zu ihm gehören die Röntgenkunst, die Wandjinas, die Woodstockfiguren und die Mimis. Die Wandjinas in Abb. 8 sind aus der Victoria River Region; und sie sind wie die Quinkingeister in Abb. 9 mit 1000 Jahren erstaunlich jung, was die Lebendigkeit dieser Kunst bis in die jüngere Vergangenheit belegt. Doch bleibt es fraglich, ob die Annahme von drei Stilrichtungen eine einheitliche Entwicklung Gesamtaustraliens nahe legt. Man wird dem Norden, wie auch in anderen Bereichen, wohl eine fortgeschrittene Entwicklungsstufe zuerkennen. Aber dort stößt diese Einteilung eben auch an ihre Grenzen. In den Kimberley ist eine eigene Entwicklung nachweisbar, was gegen ein Modell spricht, das die Merkmale der Felsenmalerei als Reflex gesamtaustralischer Tendenzen versteht.

Malerei auf Sand, Baumrinden und dem Körper

Die Malerei im Sand, auf Baumrinde und auf dem Körper wurde erst spät überhaupt als Kunst angesehen. Dabei ist die Körperbemalung von besonderer Bedeutung, denn sie hat die Motive und Muster moderner Kunst entscheidend beeinflusst. Abb. 10 zeigt einen Maler der Spinifex bei der Sandmalerei.

10. «Stell keine Fragen» –
Formen der Verständigung

Als Captain Cook 1776 die Ostküste Australiens bereiste, war es eine seiner wichtigsten Aufgaben, etwas über ‹die Sprache› der Aborigines in Erfahrung zu bringen, um damit den Grundstock für die Kommunikation bei einer Kolonisation zu legen. Das war nicht einfach, denn als die *Endeavour* 1770 vor Cooktown vor Anker ging, verweigerten die Aborigines den Kontakt. Es dauerte, bis er hergestellt war. Am Ende ihrer Reise hatten Cook und sein Begleiter Banks gerade mal ein Glossar mit 100 Wörtern

Abb. 10: Sandmalerei der Spinifex

erstellt. Über die grammatischen Strukturen konnten sie nur spekulieren. Sie hörten verschiedene Sprachen, nahmen Ähnlichkeiten wahr und schlossen im Geiste der damals aufkommenden historisch-vergleichenden Sprachwissenschaft, sie seien voneinander abgeleitet, wie es die germanischen oder romanischen Sprachen auch waren. Sie hatten damit Recht, irrten aber, als sie die Annahme auf das neuseeländische Maori ausweiteten.

Als Phillip die Strafkolonie in Sydney errichtete, war Cooks Glossar wenig hilfreich. Nur eine Handvoll von Wörtern aus der Region um Cooktown im Norden Queenslands war im Südosten bekannt, und die Verständigung misslang. Es kam zu scheinbar skurrilen Missverständnissen. Als die Aborigines zum ersten Mal Kühe und Schafe sahen, nannten sie sie Kängurus, in der Annahme, das wäre das englische Wort. Aufgrund der physischen Ähnlichkeit mit dem Dingo, dem australischen Wüstenhund, nannten sie Hunde Dingos.

Sprachen sind ein wichtiger Teil einer Kultur. Daher sollen nun die Fragen erörtert werden, woher die Sprachen kamen, ob sie mit Sprachen außerhalb des Kontinents verwandt und wie sie über das Land verteilt sind. Die Grammatik und Aussprache werden dabei nur kurz gestreift.

Herkunft, Verteilung und Typologie

Auf den ersten Blick würde man annehmen, dass die Sprachen mit den Ureinwanderern kamen, die verschiedene Sprachen gesprochen haben. Man wird aufgrund der Siedlungsgeschichte vermuten, dass sie miteinander verwandt waren, sich im Laufe der Ausbreitung der Gruppen (Kap. 2) jedoch voneinander weg entwickelt haben. So spricht man zum Zeitpunkt der Kolonisation von etwa 250 Sprachen und einer ähnlichen Zahl von Dialekten. Sie waren eng mit den Lokalgruppen verbunden, weshalb man sie auch als Sprachgruppen bezeichnet. Wenn man davon ausgeht, dass die Bevölkerungszahl zwischen 300 000 und 900 000 Menschen lag, teilten sich im Schnitt zwischen 1 600 und 3 600 Menschen eine Sprache. In Wirklichkeit war nun aber alles etwas anders, wie Tindales Karte über die Gruppenverteilung im Norden nahe legt (Karte 5). Es gab große Gebiete, in denen Menschen in engem Kontakt standen und die Siedlungsdichte gering war. Ein Beispiel ist Zentralaustralien. Dort kamen nur wenige Sprachen vor, sie wurden aber von relativ vielen Menschen gesprochen. In den fruchtbaren, aber weniger leicht zugänglichen Regionen im tropischen Norden war die Differenzierung größer, dafür die Zahl der Sprecher pro Sprache geringer. Insgesamt waren die Sprachen aufgrund der doch kleinen Sprecherzahl bei so massiven Einbrüchen wie der Kolonisation schnell gefährdet.

Da sich bis ins späte 19. Jahrhundert kaum jemand um die oben gestellten Fragen kümmerte, ging mit der Entwurzelung der Menschen viel Wissen über ihre Sprachen verloren. Hinzu kommt, dass der Zeitraum von bis zu 60 000 Jahren der Menschheitsgeschichte zu groß ist, um gesicherte Erkenntnisse zu erhalten. So ist selbst unklar, ob die Sprachen mit den Ureinwanderern kamen. Sie könnten auf mehr als eine Siedlungsbewegung zurückgehen und könnten sogar aus Neuguinea stammen, das noch vor 6000 Jahren mit Australien verbunden war. Es gibt Anzeichen dafür, dass die Sprachen im Nordosten mit dem Papuanischen verwandt sind. Aber im großen Ganzen stellen die australischen Sprachen eine isolierte Gruppe dar.

Auch die Gliederung der Sprachen innerhalb Australiens ist umstritten. Es gibt zwei Hypothesen, die beide nicht gesichert, aber denkbar sind, da sie sich mit Theorien über die Siedlungsgeschichte verbinden lassen. Die eine beruht auf einer Anzahl von Kernwörtern, Merkmalen der Aussprache und der Grammatik und nimmt zwei Sprachtypen an: die Nicht-Pama-Nyungasprachen im Norden und die Pama-Nyungasprachen im Rest des Kontinents. Dixon, der Verfechter der zweiten Hypothese, meint dem entgegen, dass die große Zahl von Sprachen auf zwei Prozesse zurückgeht. Der eine ist die Ausdifferenzierung, die wir von den germanischen Sprachen her kennen, der andere die Annäherung aufgrund intensiven Kontaktes.

Mehrsprachigkeit und die Schöpfungsgeschichten

Aus der Sicht der Schöpfungsgeschichten waren die Sprachen in einem für Außenstehende schwer zugänglichen, metaphysischen Sinne einfach ‹da›. Sie seien den Menschen ‹gegeben›, die sie ‹besaßen›, ihre Eigentümer und Pfleger wurden. Sie sprächen die Sprache des Landes, andere sprächen sie, wenn sie das Land betraten oder mit ihnen zu tun hatten. Die Yolngus in Arnhem Land erzählen, sie hätten ihre Sprache durch die Djan'kawischwestern erhalten, die das Land bereisten und Werkzeuge vergruben. Jedes Mal, wenn sie das taten, sprang Wasser aus der Erde. Das symbolisiert das Wissen, die Sprachen, die Lieder und die Gesetze. Wo immer diese Schwestern hinkamen, schufen sie eine neue Sprache, die eine andere Gruppe ‹bekam›. Der Fall, dass Lokalgruppen zu einer anderen Sprache übergingen, ist nicht belegt. Man sollte den Sprachwechsel aufgrund der schwierigen Lebensräume und des nicht auszuschließenden Aussterbens kleiner Gruppen gleichwohl nicht von der Hand weisen. Es wurde jedoch nie eine Gruppe gezwungen, die Sprache einer anderen anzunehmen.

Wie eng auch immer die Bindung an die Sprache und das Land war, die sozialen Praktiken sorgten dafür, dass Gruppen mehrsprachig und in der Lage waren, mit anderen Gruppen in ihrem weiteren Umfeld zu reden. Anders als im christlich-jüdischen Glauben, wo Vielsprachigkeit die Strafe für die menschliche Eitelkeit war und als babylonisches Gewirr verstanden wird, war sie in Australien eine akzeptierte Folge des sozialen Gefüges. Die Heiratskonventionen sorgten dafür, dass Partner immer aus verschiedenen Gruppen kamen, sei es ein anderer Stamm oder eine andere Lokalgruppe. Die Frau sprach also stets eine andere Sprache als der Mann. Die Kinder begannen mit der Sprache der Mutter, später lernten sie die des Vaters. Bei einer gemischten Bevölkerung, wie es die Lokalgruppen waren, wurden mehrere Sprachen verwendet und die Verständigung über weite Strecken war gesichert.

Der Kontakt führte dazu, dass Wörter in alle Richtungen geborgt wurden. So wurde das Wort Känguru in vielen Sprachen schnell heimisch – in der Annahme, es sei ein englisches Wort. Die Sprachen wurden den Nachbarsprachen ähnlicher. Eine der Ältesten der Kupa Piti aus Coober Pedy, nordwestlich von Adelaide, hat Recht, wenn sie sagt, das Englische sei nicht nötig gewesen, man konnte auch so miteinander reden. Wo Probleme auftraten, gab es Übersetzer. Beim Jagen von Wildtieren wurde eine Zeichensprache eingesetzt, um Geräusche zu vermeiden, ebenso wenn man, wie im Falle der Kolonisation, Fremde ausschließen wollte. Für die Kommunikation über weite Strecken gab es das Botschaftsholz, den *message stick*, das ein Bote trug, wenn er eine Nachricht übermittelte. Der Trommeltelegraph und Rauchzeichen dienten der Übermittlung lokal begrenzter Mitteilungen. Ein besonders geheimnisvoller Code ist die Telepathie, die Lesern aus Büchern wie *Traumzeit* von Barbara Wood bekannt ist. Mancher Weiße erzählt, dass Aborigines einfach ‹wussten› oder ‹hörten›, was andere an einem entfernten Ort dachten.

Sprachregeln und Sprachwissen

Aborigines reden miteinander anders, als wir es gewohnt sind. Das ist es, was die Verständigung so oft scheitern lässt. Welche Eltern würden ihre Kinder nicht dazu ermutigen, in der Schule und anderswo Fragen zu stellen. Wer nicht fragt, erfährt nichts! Wer aber Aborigines fragt, erfährt oft nichts oder nur das, was der Befragte meint, sagen zu sollen. Dieses Verhalten kann bei Gericht zu Problemen führen, denn es wurden Taten gestanden, die die Betreffenden nicht begangen haben konnten. Auch wir wissen im Grunde, dass Fragen den Befragten in die Enge treiben können, dass sie Aufforderungen gleich sind: Man will etwas vom anderen! So verwundert es nicht, dass Kinder sich beschämt (engl. *shame*) fühlen, wenn sie Fragen ausgesetzt sind.

Genau das ist es, was in der Kommunikation der Aborigines der Fall ist: Fragen werden als Druckmittel gesehen, man vermeidet sie. Um Informationen zu erhalten, muss man anders vorgehen. Man äußert Annahmen über das, was man wissen will. Der Befragte kann darauf eingehen, wenn er will. Um ein

Beispiel zu geben: Statt zu fragen «Lebte diese Gruppe immer in dieser Region?», könnte man sagen, «Ich nehme an, dass Sie immer hier gewohnt haben» oder «Sie könnten doch in der Nähe gelebt haben». Anders als in europäischen Sprachen gilt es nicht als suggestiv, solche Annahmen zu äußern. Es gibt noch andere Muster, die Aborigines von Europäern unterscheiden. Der Blickkontakt etwa wird vermieden, er sei unhöflich, ja wirke aggressiv. In Kap. 8 war schon vom Vermeidungsstil die Rede, der vor der Heirat der künftigen Frau und der Schwiegermutter gegenüber einzuhalten war. Es gab aber auch Scherz- und Initiationsstile usw., was die vielfältige Sozialstruktur der Gruppen widerspiegelt.

Das Verwandtschaftssystem führte zu einem sehr komplexen Wortfeld, um die verschiedenen Beziehungen mütterlicherseits oder väterlicherseits auszudrücken. Die Methoden der Jagd von Wildtieren erforderten differenzierte Wortfelder, etwa für die Windrichtungen (die bei der Jagd wichtig waren) oder für das Jagdgerät. Auch die Lexik der Traumzeitgeschichten mit ihren religiösen Inhalten war hoch differenziert. Die Sprache war somit das Gefäß menschlichen Wissens, das durch sie mündlich von Generation zu Generation weitergegeben und somit gefestigt wurde. Verallgemeinernd könnte man sagen, die Sprachen drückten die Beziehungen zwischen Mensch und Umwelt aus. So ist es verständlich, dass dieses Wissen nicht (direkt) in andere (europäische) Sprachen übersetzbar war und dass mit dem Verlust der Sprachen zwangsläufig ein großer Teil des Wissens verloren ging. Äußerungen wie «Wenn du deine Sprache verloren hast, hast du alles verloren» deuten auf den Identitätsverlust des Einzelnen und der Gruppen hin.

C. Die postkoloniale Periode –
Überleben, Wandel, Wirkung

Wenn es schwer ist, die traditionellen Kulturen zu begreifen so sind die postkolonialen nicht leichter zu verstehen. Schon der Begriff *Aborigines* ist verfälschend. Denn an sich indigene Australier wenden sich verständlicherweise gegen Begriffe, die ihre Unterschiede verwischen. Und doch ist der politische Stil der Aktivisten von den Gemeinsamkeiten gekennzeichnet. Auf der Ebene des Gesamtstaates und nach außen hin definieren sie sich sehr wohl als Aborigines oder als Australier indigener Abstammung. Nach innen gewandt und im Kontext regionaler Politik sehen sie sich im Südosten als *Koori*, im Südwesten als *Nungars* oder im Süden als *Murri*. Diese Regionalidentitäten sind denen der Hauptgesellschaft ähnlich. Sie setzen sich, so könnte man meinen, von ‹den Weißen› ab und tun es ihnen doch (fast) gleich.

Wenn wir uns nun postkolonialen Themen zuwenden, werden wir sehen, dass sich die Kulturen veränderten und doch ihre Tradition bewahrt haben. ‹Kontinuität im Wandel› findet sich in allen Lebensbereichen, in denen Aborigines Handelnde wurden in der Kunst, der Kultur, dem Recht, der Wirtschaft und der Kommunikation. Es ist nicht möglich, auf alles einzugehen. Die unumkehrbaren Verluste und ihre Folgen werden daher anhand zweier zentraler Beispiele aufgezeigt. Aber auch die ‹andere Seite der Medaille› soll nicht übergangen werden: Bereiche, in denen ein Fortschritt erkennbar ist in der Art und Stärke des Kulturerhalts oder in der Nutzung der Möglichkeiten, die die australische Gesellschaft bietet. Wir werden so zwei kontrastierende Bilder entwerfen – eines der «Vierten Welt» und eines des erkennbaren Fortschritts. Wir beginnen mit der Schnittstelle zwischen ‹Alt› und ‹Neu›: dem Kindesraub, den *stolen generations*, und dem Landrecht. Beide Themen prägen die heutige Situation.

11. Die stolen generations –
Segregation

Der Film *Long Walk Home* ist eine ergreifende, wenn auch im Stile Hollywoods kommerzielle Verfilmung der Umstände und Folgen einer Politik des Kindesraubes, die unter dem Begriff *stolen generations* bekannt ist. Der Film erzählt die Geschichte von drei Mädchen, die ihrer Mutter entzogen wurden und es schafften, aus einem Heim, in das sie gebracht wurden, zu fliehen. Die Flucht nach Hause führt sie entlang des Kaninchenzauns, des *rabbit-proof fence*, der in Westaustralien gebaut wurde, um die Kaninchenplage zu stoppen. Ihr Vater war an dem Bau beteiligt, so dass ihnen der Weg bekannt war. Zwei der Mädchen schafften die Flucht und lebten von da an versteckt vor den Weißen im Busch. Das dritte wurde aufgegriffen und zurück ins Heim gebracht. Sie trafen sich nie wieder. Die psychologischen Folgen waren für die weit über 100 000 ‹gestohlenen Kinder› verheerend. Bis ins hohe Alter verschwiegen Frauen ihren Kindern, dass sie zu den gestohlenen Kindern gehörten und verwehrten ihnen, ihre Identität zu finden. Wadjularbinna schreibt:

Die Missionare behandelten uns so schlecht. Sie fesselten die Leute an Bäume, peitschten sie aus, nur weil sie davonlaufen und ihre Eltern suchen wollten. Aber ich habe den Missionaren vergeben..., denn wenn wir nicht vergeben, zerstören wir uns selbst.

Segregation war eine Variante der Politik der Protektion. Sie wurde in den 1920er Jahren systematisch verschärft, als klar wurde, dass die Zahl der gemischtrassigen Aborigines wuchs. Die Politik selbst geht bis weit ins 19. Jahrhundert zurück. Auch damals waren die dabei angewendeten Methoden brutal. Sobald sich Aborigines aus freiem Willen oder, was häufiger vorkam, aufgrund von Zwang in Reservate und Missionen begaben, war ihr Leben kontrolliert. Gary Foley, ein radikaler Aborigine, nennt sie polemisch Konzentrationslager, andere sind weniger radikal, betonen aber auch die geistige Kontrolle als Ursache für die Zerstörung der Kultur. Alles, was mit Kultur oder der

Erziehung der Kinder verbunden war, wurde schlecht gemacht und unter Strafe gestellt. Kinder durften nicht mehr ihre Muttersprache sprechen. Ohne das relativieren zu wollen, sei angefügt, dass dieselben Methoden in Schottland und Irland dazu beitrugen, dass das Gälische fast ausgerottet wurde. Wenn Kinder heiratsfähig waren, wurden sie zwangsweise verheiratet, um die «schwarze Rasse weg zu züchten», *to breed out the black race*. Die Rassentheorien der 1930er Jahre standen im Vordergrund. Und so musste Wadjularbinna einen Farmer heiraten:

Ich war 18 Jahre lang die Frau eines Farmers. Ich machte die Arbeit so gut ich konnte, musste aber so tun, als wäre ich jemand anders. Ich konnte mich nicht wie eine Schwarze benehmen. Ich war sehr, sehr unglücklich.

Erst nachdem die Aborigines die Staatsbürgerschaft erhalten hatten, konnte Wadjularbinna legal von ihren Eltern besucht werden. Sie ging mit ihnen zum Fischen, Jagen und Schwimmen. Aber

als mein Mann zurückkam und das Vieh am Zaun sah, galoppierte er herbei und fragte: ‹Was zum Teufel glaubt ihr, da zu tun?› ‹Zu den Lilien schwimmen›, sagte ich. Er sagte, ‹Das seh ich. Du siehst aus wie eine Aborigine Hure.› ‹Das bin ich doch›, erwiderte ich.

Die Grundlage der Politik, die zu den *stolen generations* führte, waren sozialpolitische Vorstellungen des frühen 19. Jahrhunderts. Ihre Vertreter meinten, Gutes zu tun – und ihr Kampf gegen die Sklaverei war es auch. Sie nahmen Anstoß an den Exzessen bei der Landnahme in Australien. Doch statt sie abzustellen, wurde das Amt des *protectors* oder ‹Beschützers› vorgeschlagen, der dafür sorgen sollte, dass Aborigines in für sie reservierten Landesteilen ungestört leben konnten. Er sollte bewirken, dass sie den Siedlern gegenüber «freundlich gestimmt würden, dass sie arbeiteten, und sie zur Zivilisation und Religion führen», so das Gesetz. Ende des 19. Jahrhunderts war das Amt in allen Kolonien eingerichtet. Seine Aufgaben weiteten sich bald aus. Der Protektor Südaustraliens wurde 1844 mit der ursprünglichen Aufgabenbeschreibung eingeführt. Sein Nachfolger, der

Commissioner of Crown Lands, erhielt 1856 die Aufsicht über alle Aborigines und war für deren soziale Belange zuständig. Alsbald wurde den Aborigines die Freiheit der Mobilität entzogen. Sie konnten Reservate nun nicht mehr verlassen, die Kinder wurden von den Eltern getrennt in sogenannten Schlafhäusern untergebracht. Das durchbrach die Generationenkette, die für das Fortleben der Kultur erforderlich ist.

Als die Aborigines nicht, wie erwartet, ausstarben und keine Anzeichen der Assimilation über die Änderung des Verhaltens erkennbar waren, nutzte man die vermeintlichen Chancen der Eugenik, die Fortpflanzung durch Selektion zu steuern, was nicht landesweit, aber doch in erheblichem Umfang geschah. Gemischtrassige Aborigines wurden aus den Missionen und Reservaten entfernt, so dass deren Einwohnerzahl nicht mehr ausreichte, um sie wirtschaftlich zu führen. So kam es zu permanenten Zwangsumsiedlungen, die Eve Fesl (1993) für Victoria dokumentiert hat, vgl. Karte 6.

Brisant wurde das Thema der gestohlenen Generationen, als sich Aborigines zu artikulieren begannen. Die australische

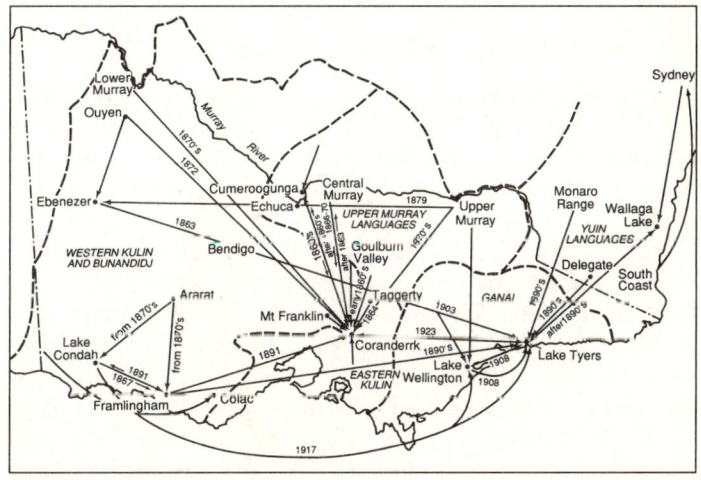

Karte 6: Umsiedlungen von Aborigines in Victoria

Kommission für Menschenrechte und Gleichberechtigung legte
1997 dem Bundesparlament ihren Bericht *Bringing Them Home*
vor und lenkte das Auge der Öffentlichkeit auf die Folgen dieser
Politik. Ihre Empfehlungen, wie eine Entschuldigung, die Zah-
lung von Kompensationen oder die Umsetzung der UN Konventionen, wurden nicht erfüllt. Theaterstücke, Filme und Romane
von Aborigines greifen das Thema heute zunehmend auf (vgl.
Kap. 21).

12. «Vierte Welt» oder neuer Anfang?

«Wir leben in Zuständen wie in der Vierten Welt», sagen Experten und viele Aborigines. Und welcher Tourist bemerkt
nicht den Alkoholismus unter den Aborigines in Alice Springs,
liest nicht über die Arbeitslosigkeit, die häusliche Gewalt, den
Missbrauch von Kindern. Das Schnüffeln von Benzin oder Leim
ist als Ersatz für Drogen bekannt, seine Wirkungen sind verheerend. Die schlechte soziale Situation der Aborigines kommt
auch in den Statistiken des Australian Bureau of Statistics
zum Ausdruck. Auf der Grundlage des Berichts der eben genannten Kommission sollen sie und ihre Ursachen nun skizziert
werden.

Demographische Merkmale

In praktisch allen statistisch messbaren Bereichen unterscheiden
sich Aborigines vom Rest der Bevölkerung. Die nur ungenauen
Angaben über die Bevölkerungszahl vor der Kolonisation lagen
zwischen 300 000 und 900 000. Man weiß relativ genau, dass es
in den 1930er Jahren nur noch etwa 70 000 Aborigines gab,
und dass sich die Zahl seither erholt. Für das Jahr 2001 schätzt
man sie auf 410 000, was einem Bevölkerungsanteil von 2,2 %
entspricht. Dieser Zuwachs liegt weit über dem nationalen
Durchschnitt und kann nicht allein auf eine höhere Geburten-
rate zurückgehen. Ein Teil des Anwachsens der Bevölkerung ist
vielmehr auf die stärkere Identifikation mit der ethnischen Herkunft zurückzuführen, was man auch in Kanada und den USA
beobachtet hat. Die Periode des Multikulturalismus war dabei
ein für Australien wichtiger Faktor.

Zahlreiche andere demographische Indikatoren weisen Aborigines als separate Gruppe aus. Wenn man sich ansieht, wo Aborigines vorwiegend leben, zeigt sich, dass knapp 30% der Bevölkerung des Nordterritoriums indigener Abstammung sind. In anderen Bundesstaaten sind es weniger als 5%. Die absoluten Zahlen aber zeigen, dass 30% aller Aborigines in Neusüdwales wohnen, 28% in Queensland und 14% in Westaustralien. Aborigines sind weit weniger urbanisiert als die übrige Bevölkerung: nur 30% leben in Städten wie Sydney, Melbourne oder Perth, jedoch 67% der Nicht-Aborigines. Ein großer Teil lebt in entlegenen Landstädten, in denen Aborigines oft die Mehrheit bilden.

Mit einem Altersmittelwert von 20 Jahren stellen Aborigines eine junge Gruppe dar, die sich gut mit Einwanderergruppen aus Asien vergleichen lässt. Ihre Lebenserwartung, Risikofaktoren und Arbeitslosigkeit unterscheiden sich aber signifikant. So ist die Lebenserwartung um 20 Jahre niedriger als im Schnitt. Im internationalen Vergleich liegt sie unter der in Indien, Myan Mar, Neuguinea und Kambodscha. Sie ist der des südlichen Afrika (ohne den Faktor AIDS) ähnlich. Die Sterblichkeitsrate bei Geburt ist mit 13% mehr als doppelt so hoch wie die der Gesamtbevölkerung. Auch bei Risikofaktoren wie Übergewicht, Herzerkrankungen, Gehörschäden und Diabetes liegen sie vorn. In ländlichen Gebieten beträgt die Arbeitslosigkeit oft weit über 50%. Ein Beispiel ist Mapoon, eine an der Ostküste Cape Yorks gelegene Kleinstadt. Von 300 Einwohnern sind 27% in speziellen Programmen tätig, wenige arbeiten in Weipa im Süden, das als Industrie- und Bergbaustadt bekannt ist. Der Rest ist arbeitslos. Im Bildungssektor schneiden Aborigines weit schlechter ab als der nationale Durchschnitt. Eine tertiäre Ausbildung haben nur 0,3% (im nationalen Durchschnitt sind es 1,9%) und selbst im Primarsektor ist ihr Erfolg minimal. Obgleich diese Faktoren stärker im ländlichen Raum ausgeprägt sind, gelten sie im Prinzip auch für die innerstädtischen Gettos.

Sozialpolitische Aspekte

Die Politik den Aborigines gegenüber verfolgte bis in die 1960er Jahre die Segregation, die getrennte Entwicklung. Die seither praktizierte Sozialpolitik setzte sich – wie in anderen Staaten auch – das Ziel, Armut durch Arbeitsbeschaffungsmaßnahmen und Sozialhilfe zu bekämpfen. Beides war nicht nur teuer, sondern ineffizient, ja schädlich. Es lud dazu ein, auf den Staat zu vertrauen, statt eigene Kräfte zu entfalten. Durchaus wohlmeinende Motive, früheres Unrecht zu beheben, haben so wenig bewirkt. Selbst die Erfüllung der Forderung nach gleichem Lohn für gleiche Arbeit hat die Lage eher verschärft. Ihr Effekt war, dass Arbeit auf Farmen oder im Kleingewerbe unbezahlbar wurde.

Haben also die sozialpolitischen Maßnahmen seit den 1970er Jahren die Lage eher verschlechtert? Die Antwort hängt vom politischen Standpunkt ab. In der jüngsten Vergangenheit setzt die konservative Regierung auf Eigeninitiative und auf eine Art Zielvereinbarung. Unterstützung soll demnach nur noch der erhalten, der die Ziele erreicht oder ernsthaft anpeilt. Das heißt z. B., dass die Aborigines ihre Kinder zur Schule bringen und eine adäquate Gesundheitsvorsorge planen müssen. Es liegt in der Natur dieser Politik, von der Förderung der Kulturen und Sprachen der Aborigines abzurücken. Zahlreiche Analysen zeigen nun aber, dass die Ursachen des Misserfolgs der auf Sozialhilfe fundierten Politik kulturelle Wurzeln haben könnten. Eine Studie über die Gesundheitsversorgung in Neusüdwales ergab, dass der Begriff Gesundheit nicht auf den physischen Zustand beschränkt bleibt: Kranke fühlen sich von dem betroffen, was ihnen und ihren Gruppen in der Vergangenheit widerfahren ist. Sie fühlen sich mit ihren Ahnen, den spirituellen Geschichten usf. verbunden und von ihnen beeinflusst (ABC, *Indigenous News* vom 13. 1. 2005). Die verlorene spirituelle Bindung an das Land bewirkt ein Gefühl der Bindungslosigkeit, der Verlorenheit, die schwer zu objektivieren ist. Die erwähnte Anerkennung traditioneller medizinischer Praktiken in Südafrika stößt unter diesem Gesichtspunkt auf großes Interesse.

Vor diesem Hintergrund ist ein Buch von Trudgen (2000) interessant. Der Autor arbeitete über elf Jahre in verschiedenen Funktionen in Arnhem Land, zuletzt im Sozialbereich und in der Erziehung. 1981 verließ er eine gut funktionierende, traditionell lebende ländliche Gemeinschaft. Als er 1992 zurückkam, fand er eine Gemeinschaft vor, die jedwede Orientierung verloren zu haben schien. Sie hatte in den 1980er Jahren einen rapiden Abstieg erlebt. Die Ursachen dieser Entwicklung beschreibt er in *Why Worriers Lie Down and Die*. Seine Analyse deckt sich mit der Einschätzung einer Reihe von Experten. Ein Fehler sei, dass die Betroffenen nicht auf die Formulierung und Umsetzung politischer Ziele einwirken könnten. Politik würde immer für, nicht mit ihnen gemacht. Die Kommunikation mit ihnen missglücke. Ohne die Berücksichtigung kultureller Unterschiede gelänge es kaum, Betroffene zur Mitwirkung zu bewegen. So werde im Gesundheitsbereich über die Köpfe der Patienten hinweg geredet, die Krankheitstermini würden ihnen nicht erläutert; sie würden nicht angemessen informiert. Daher komme es nicht zur notwendigen Mitwirkung.

Analysen, die die Bedeutung der Kommunikation betonen, geraten schnell in die parteipolitische Kritik. Denn es gibt objektive Faktoren, die mit Kommunikation wenig zu tun haben: die Chancenlosigkeit auf dem Arbeitsmarkt, der Mangel an Betätigung und Unterhaltung für Jugendliche in entlegenen Regionen, die oft inkonsequente Schulpolitik. Sie haben wenig mit Kommunikation zu tun, tragen aber entscheidend dazu bei, dass Familien ihre Kinder nicht fördern, dass Jugendliche die Schule schwänzen und die Kriminalität steigt. Im Gebiet der Anangu und Pitjantjatjara nördlich von Adelaide z. B. liegt der Schulbesuch weit unter 60%. Häusliche Gewalt, Kindesmissbrauch, Streit und Korruption in den Gruppen und politischen Vertretungen sind Folgen der desolaten Lage und verstärken sie zugleich. Diese Zirkularität geht über Kommunikationsprobleme weit hinaus.

Eine große Zahl von Menschen ist somit in einer Situation gefangen, die sie nicht verursacht hat, der sie sich aber auch nicht entziehen kann. Es gibt Versuche, die tief liegenden Probleme anzugehen und die alte Kulturbindung wieder zu beleben. Das für eine Malschule bekannte Yuendumu ist ein Beispiel für das, was getan werden kann. Für einen längeren Zeitraum werden Jugendliche in den Busch geschickt, um traditionelle Lebensformen zu erlernen. Der Schulunterricht wird in den Abend hinein verlegt, da das eine bessere Lernzeit sei, die die Kinder von der Straße holt. In Hermannsburg experimentiert man mit religiös-mentalen Programmen, um die Eigenverantwortung zu stärken. Die Gemeinde Wadeye im Nordterritorium erprobt eine ‹Zuckerrohr-und-Peitsche›-Strategie, indem sie ein Schwimmbad nur dann betreibt, wenn die Kinder zur Schule kommen. Man wird sehen, ob solche Initiativen eine Besserung herbeiführen. Noel Pearson, einer der ‹Reformatoren› der Aborigines, plädiert dafür, die Jugendlichen aus ihrem Umfeld herauszunehmen und in Internaten zu unterrichten, wo der Zugang zu ihnen einfacher sei.

Angesichts der Vielzahl von Problemen, Lösungsvorschlägen und Interessen ist die politische Lage zu instabil und diffus, um eine objektive Darstellung zu ermöglichen. Die Nähe zwischen einigen Führern der Aborigines und der Regierung mag weniger fundiert sein als sie erscheint. Aber es gibt eine nicht zu übersehende Zahl von Sprechern der Aborigines, die eine Politik stützen, die auf Eigeninitiative setzt. Doch – und darin liegt ein gravierender Unterschied – müsse sie von den Menschen selbst ausgehen, sie müssten sie mit formulieren.

13. Native Title – im Widerstreit der Interessen

Als die *First Fleet* in die Mündung des heutigen Sydney einlief, war für Großbritannien klar, dass das Land niemandem gehörte. Captain Cook hatte über keine Anzeichen der Landkultivierung, keine Siedlungen, Grenzen oder begrenzte Bewegungsabläufe der Jäger und Sammler berichtet. Man wird zugeben, dass die Situation schwer zu erfassen war. Topographische Merkmale wie Uluru, das frühere Ayers Rock im Zentrum, oder der Wave Rock in Westaustralien, die auf heilige Stätten hindeuteten und nicht für jedermann zugänglich waren, waren den Briten unbekannt. Auch war es schwierig, die durch die Traumzeit begründete Bindung der Menschen an ihr Land wahrzunehmen. Man wusste nichts von den Brandrodungen als Akte der Pflege des Landes, der Vermeidung von Großfeuern und der Jagd. Es gab nichts, was auf Eigentum im britischen Sinne hindeutete oder was man so deuten wollte. Die Folgerungen, die sich aus dieser Annahme ableiteten, waren fatal und zerstörten die religiös-kulturelle Bindung der Aborigines ans Land und deren wirtschaftliche und politische Lebensgrundlage. Der Standpunkt Großbritanniens ging unter dem Begriff *Terra Nullius* in die Geschichte ein; sie schaffte den juristischen Rahmen, der die Vertreibung und das Leugnen des Vorbesitzes rechtfertigte.

Terra Nullius

Captain Cook hatte das getan, was im Sinne Großbritanniens war: er verfuhr zum Vorteil des *Empire*, deutete das Beobachtbare als Besitz, nicht als Eigentum. Damit konnte man über Land und Leute verfügen. Parallelen zu den Indianern im Nordwesten Kanadas, die in vielen Regionen Nomaden, aber an der Küste sesshaft waren, zog man nicht. So dehnte man die These in vollem Bewusstsein des Irrtums auf den Kontinent aus.

Im Einklang mit der *Terra Nullius*-Annahme wurde das Land dem für Großbritannien – und ab 1901 Australien – wichtigen wirtschaftlichen Nutzen zugeführt. Die Folgen kann man in jeder Geschichte Australiens nachlesen (Hagemann 2004). Doch wie es dazu kommen konnte, dass *Terra Nullius* bis zum Jahr 1992, also 204 Jahre lang, gültig sein konnte, ist schwer zu erklären. Man wusste seit den 1830er Jahren, dass die Gruppen nicht ziellos durchs Land wanderten, dass sie Grenzen einhielten und Riten befolgten, wenn sie in benachbartes Land gingen, und um Erlaubnis baten, wenn unvorhersehbare Gründe sie zwangen, fremdes Land zu betreten. Man wusste von den Riten zur Pflege heiliger Stätten, der Bindung der Kultur ans Land.

Die Aborigines beugten sich den Machtverhältnissen, wanderten weg, wurden Landarbeiter, siedelten am Rande der auf-

keimenden Ortschaften oder in Missionen. Doch kann die Un-
terwerfung unter Zwang nicht mit dem freiwilligen Verzicht auf
Eigentum gleichgesetzt werden. In vielen Landesteilen bestanden Traditionen fort, passten sich an oder lebten, wie unter den
Yolngu am Golf of Carpentaria, neu auf. Die Kontinuität der
kulturellen Praxis sollte ein Kriterium werden, Ansprüche auf
Land zu begründen.

Landrecht, Mabo und Native Title

Vor diesem Hintergrund ist der *Native Title* ein zentrales Mittel,
Unrecht, das nicht rückgängig zu machen ist, zu lindern, und
eine neue wirtschaftlich unabhängige Basis zu ermöglichen. Der
Streitfall, der dazu führte, ist unter dem Begriff Mabo bekannt.
Eddie Mabo war einer von fünf Klägern, die ein Eigentumsrecht
auf die Murray Inseln in Torres Strait geltend machten.

Dabei sind zwei Punkte wichtig. Der erste ist, dass entsprechend der föderalen Struktur Australiens Landrechtsfragen in
die politische Kompetenz der Bundesstaaten fallen. Es gibt also
Unterschiede innerhalb Australiens. Der zweite Punkt ist, dass
die für das Nordterritorium zuständige Bundesregierung schon
1976 ein *Aboriginal Land Rights* Gesetz erlassen hatte, das die
Rechtsgrundlage dafür bildete, dass Ansprüche geltend gemacht
werden konnten. Ein wichtiges Kriterium für die Urteile war,
dass die Kläger einen kontinuierlichen Bezug zum Land nach-
weisen konnten. Im Erfolgsfall erwarben sie oder typischerweise
eine zu bestimmende Organisation wie die *Land Councils* ein
Eigentums-, Nutzungs- oder Pflegerecht.

Dieser Rechtsweg war mühsam, denn Entscheidungen hingen
auch vom Willen des Gerichts ab. Ein Fall, der geeignet gewesen
wäre, die Rechtslage voran zu bringen, es aber nicht tat, ist unter dem Namen Gove bekannt. Gove ist die Halbinsel an der
Spitze von Arnhem Land, die spät kolonisiert, aber in den 1930
er Jahren für die Viehwirtschaft interessant wurde. Die Landenteignung ging mit massiven Ausschreitungen gegen die Bevölkerung einher, was dazu führte, dass Gove 1935 ein Reservat
wurde, in dem die Kirchen Missionen einrichteten. In den 1950

er Jahren wurde Bauxit gefunden, dessen Abbau 1960 begann. Und auch er war begleitet von landesweiten Protesten. Die Bewohner formulierten ihre Forderungen an das Parlament daraufhin auf einer Baumrinde. Neben der öffentlichen Wirkung der so genannten «Baumrindenpetition» half das, den Fall vor Gericht zu bringen. Der Richter erkannte an, dass das Land in einem indirekten Besitz der Kläger verblieben war, entschied aber dennoch gegen die Klage und lehnte selbst Kompensationen ab. Offensichtlich konnte *Terra Nullius* noch bestärkt werden. Erst 2004 kam es zu einer einvernehmlichen Lösung.

Der Mabo-Fall war ähnlich gelagert. Hier lebten die Kläger auf dem Festland, machten aber eine traditionelle Bindung an ihre Inseln geltend. Queenslands oberstes Gericht lehnte 1982, wie bei Gove, die Klage ab und verweigerte Entschädigungen. Als die Kläger vor den *High Court* gingen, wurde der Fall in einem veränderten öffentlichen Klima verhandelt, und es kam zu einem bahnbrechenden Urteil. Das Gericht präzisierte und beschränkte den Begriff *Terra Nullius* und vertrat die Ansicht, dass die Krone damit nur einen sogenannte *Radical Title* erworben habe. Ein solcher Titel sei mit dem Recht eines Staates auf sein Territorium vergleichbar, schließe aber den Fortbestand untergeordneter Rechte nicht aus. Das Gericht stellte fest, dass die *Terra Nullius*-Hypothese generell Unrecht war. In Fällen, in denen der Fortbestand der Traditionen nachweisbar sei, habe die Kolonisation den Landanspruch nicht annulliert: es gebe den *Native Title*. Damit war der Weg frei, das Land den Klägern zuzusprechen. Ein zweiter Aspekt kam hinzu, der schon bei Gove eine Rolle hätte spielen können: Das Gesetz gegen die Diskriminierung aus dem Jahre 1975. Dieses Gesetz ermöglichte es dem *High Court* zu argumentieren, dass die Vorinstanz die Kompensation nicht hätte verweigern dürfen.

Mabo wurde in doppelter Hinsicht bedeutsam: Es führte den *Native Title* und das Recht auf Entschädigung ein. Der *High Court* folgte jedoch in der Substanz früheren Urteilen und baute Hürden auf: Die Kontinuität der Bindung der Kläger (oder eines Verbundes von Klägern) an ein Land musste nachweisbar sein. Das Gericht akzeptierte allerdings, dass sich neue Gruppen gebildet oder alte essentiell geändert hatten. Gruppen wurden nicht mehr als unveränderlich gesehen, so dass Aborigines, die gezwungen waren, auf einer Mission zu leben, klagen konnten.

Die internationale Dimension

Besonders bei diesem Thema ist die internationale Dimension wichtig. Statt eine *Terra Nullius*-Situation anzunehmen wurden, wie bekannt, in Kanada, Neuseeland und den USA Verträge zwischen den Ureinwohnern und den Siedlern oder der früheren Kolonialmacht geschlossen. Dieser Unterschied führte recht früh dazu, dass Landrechtsregelungen getroffen wurden, die gewisse Rechte für die jeweiligen Gruppen sicherten. Auch Konventionen der UN und anderer Institutionen waren von Bedeutung, wollte Australien nicht seine internationalen Aspirationen aufs Spiel setzen. Als Mabo vor dem *High Court* verhandelt wurde, traf dieser seine Entscheidung also nicht ohne Seitenblicke auf Situationen, wo die Verfassungslage gelöst worden war. Dass die Aufhebung der *Terra Nullius*-These in Australien erst durch ein Gericht geschah, ist gleichwohl interessant.

Die Folgen von Mabo und der Landrechtsgesetzgebung

Mabo schuf einen einklagbaren Titel, wurde zu einem Junktim in der australischen Rechtsgeschichte und zum Motor für ein Interesse an Familien-, Stammes- oder Gruppengeschichte. Es beförderte die Wissenschaften, von denen man hoffte, dass sie zum Nachweis der Kontinuität der Tradition etwas beitragen würden. Sein Erfolg und der der Landrechtsgesetzgebung sind unbestritten. 1,1 Millionen m² Land wurden zwischen 1966 und 1991 Aborigines zugesprochen, was knapp 15 % des Kontinentes Australien sind. Im Nordterritorium sind es allein 450 000 m² oder etwa 5,7 %. Der Anspruch auf Land ist also akzeptiert, er ist Teil der australischen Wirklichkeit. Im Norden spielt der *Native Title* eine große Rolle, im Südosten sind es Landnutzungsabkommen. Die Karten 7 und 8 illustrieren das anhand von zwei Ausschnitten Australiens: dem Norden Westaustrali-

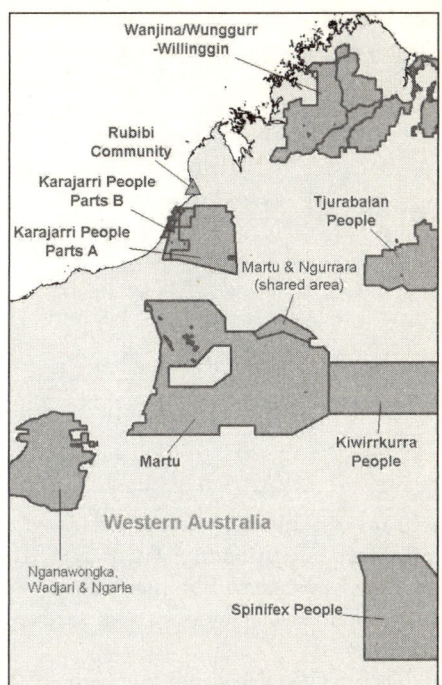

Karte 7: Native Title
im Nordwesten Australiens
(Stand 2004)

Wanjina/Wunggurr
-Willinggin

Rubibi
Community

Karajarri People
Parts B

Karajarri People
Parts A

Tjurabalan
People

Martu & Ngurrara
(shared area)

Martu

Kiwirrkurra
People

Western Australia

Nganawongka,
Wadjari & Ngarla

Spinifex People

ens und dem Südosten. Ein interessantes aktuelles Beispiel sind
die Yorta Yorta. Die Yortas lebten auf dem Gebiet des heutigen
Zentrums von Melbourne, aber ihre Klage wurde abgewiesen.
Die Laborregierung Victorias ist angeblich bereit zu Kompensationen. Insgesamt aber ist die Situation in diesem Bundesstaat
besonders schlecht; selbst Nutzungsverträge kommen selten
zum Abschluss.

Viele Verfahren werden nun im Kontext der verschiedenen
Revisionen des *Native Title* Gesetzes verhandelt, die es seit 1993
gibt. Ein folgenschwerer Fall war der sogenannte Wik-Prozess
in Cape York, der 1977 begann und 1996 zum Abschluss kam.
Es ging es um den Konflikt zwischen *Native Title* und beste-
henden Pachtverträgen mit Farmern und um die Frage, ob die

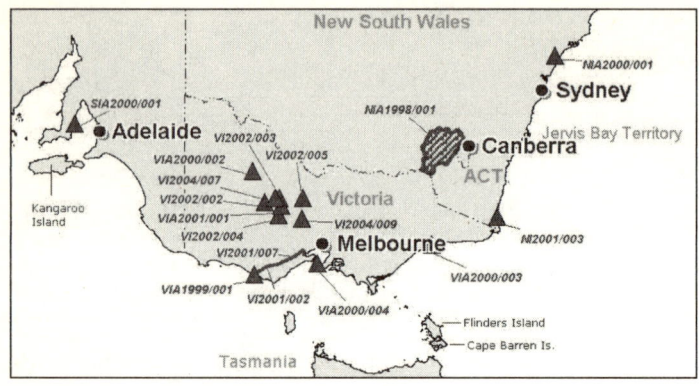

Karte 8: Landnutzungsabkommen im Südosten Australiens (Stand 2004)

mit der Pacht erworbenen Eigentumsrechte den *Native Title* be-
schränken. Der *High Court* entschied, dass Pachtverträge nicht
automatisch den *Native Title* außer Kraft setzen und plädierte
für die Koexistenz konkurrierender Ansprüche. 2004 wurde
über ein großes Gebiet der Wik in Cape York ein Vergleich geschlossen.

Native Title Verfahren vor Gericht sind kostspielig und zeit-
raubend. Für viele Kläger stellt das ein Problem dar, denn die
Ältesten, die relevantes Wissen noch haben können, sterben allmählich. Auch wenn die Verfahren vom Staat bezuschusst werden, entstehen Kosten, die Kläger daran hindern können, die
verschiedenen Instanzen gegen Bergbaufirmen u. a. zu begehen.
Auch sind die Verfahren langwierig, was oft drängende wirtschaftliche Vorhaben behindert. Aus solchen Gründen suchen
die Regierungen einiger Bundesstaaten nach einvernehmlichen
Lösungen, die Verfahrenswege zu verändern. In Westaustralien
ist man übereingekommen, den *Native Title* durch flexiblere
Verfahren wie Landnutzungsabkommen oder gemeinsame Ma-
nagementstrukturen etwa bei Nationalparks zu ermöglichen.
Die Bundesregierung plant eine grundsätzliche Revision, die
auch Privateigentum zulassen soll, was bislang ausgeschlossen
war.

14. Stammesrecht und common law?

Die Kolonisation hatte europäisches Recht gebracht. Aber ob es das britische *common law* oder das australische Gesetzesrecht, das *statute law*, war, alle Systeme und ihre Auslegung führten zu Nachteilen für Aborigines. Hinzu kam die Willkür bei deren Handhabung, die oft gegen Menschenrechte, wie wir sie heute sehen, verstieß. Im Folgenden sollen drei Bereiche beleuchtet werden: die hohe Selbstmordrate in Gefängnissen und in Polizeigewahrsam, die die *Royal Commission into Aboriginal Deaths in Custody* (1991) untersuchte; die Kommunikationsprobleme vor Gericht und bei der Polizei, die Aborigines als Angeklagte oder Zeugen extrem benachteiligen; schließlich die Konventionen über die Rechte indigener Arbeiter, die die Internationale Arbeitsorganisation (ILO) seit 1936 erlassen hat und die für Australien bindend sind. Da für das Rechtswesen die Bundesstaaten zuständig sind, bestehen Unterschiede in der Handhabung zwischen den Bundesstaaten.

Die Selbstmordrate
in australischen Gefängnissen

Ein besonders augenfälliger Aspekt des Strafvollzugs sind die Selbstmorde und Todesfälle, die in Gefängnissen oder nach der Verhaftung im Polizeigewahrsam vorkommen. Ein Beispiel mag in das Problem einführen. *The Australian* vom 8. Februar 2005 schreibt, dass ein Mann auf Palm Island, einer Insel vor Townsville, von einem Polizisten ohne erkennbaren Grund verhaftet und ins Polizeigefängnis gesperrt worden sei. Dort starb er innerhalb kurzer Zeit unter mysteriösen Umständen, ohne dass er medizinische Hilfe bekommen hätte. Er sei, so die Polizei, auf eine Steintreppe gefallen und daraufhin verstorben. Eine erste Autopsie hielt einen Sturz mit Todesfolge für möglich. Eine zweite diagnostizierte einen Lungenriss, der nicht auf einen Sturz zurückgehen konnte. Ehe die eingesetzte Kommission ihre Arbeit aufnahm, trat der vorsitzende Richter zurück, da Zweifel an seiner Objektivität bestanden.

öse Todesfälle, Selbstmorde und unklare Verfahren
m Alltag vieler *communities*. Manchmal kommt es
...en, so auf Palm Island. In Redfern, einem Stadtteil
Sydneys, gab es tagelange Ausschreitungen, als 2004 ein Jugend-
licher auf tragische Weise während einer Verfolgung durch die
Polizei umkam. Die schon genannte *Royal Commission* untersuchte 99 Einzelfälle und legte 1991 einen Bericht mit Empfehlungen vor. Einer der Befunde lautete, dass das Rechtswesen zu
wenig auf die massiven kulturellen Unterschiede eingeht. Getan
hat sich seither allerdings denkbar wenig. Doch gibt es einige
Anzeichen für ein wachsendes Bewusstsein der Benachteiligung
von Aborigines. Federführend für alle Bundesstaaten hat Westaustralien ein Handbuch erarbeitet, das auf die Kommunika-
tionsbarrieren eingeht und Verfahrensregeln vorschlägt. Westaustralien und andere Bundesstaaten haben inzwischen auch
Schulungskurse für Juristen initiiert, die teils zu Erfolgen führen.

Kommunikation vor Gericht

Dass mündliche Gerichtsverhandlungen für Angeklagte und
Zeugen problematisch sind, überrascht nicht. Laien sind mit den
Prozeduren und dem Sprachgebrauch vor Gericht nicht vertraut.
Bei Aborigines kommt hinzu, dass sie ein anderes Englisch, das
sogenannte Aboriginal English (vgl. Kap. 18), sprechen als die
anderen Beteiligten, und die Justiz und Polizei oft nicht willens
sind, sich auf diesen Sprachstil einzulassen. Missverständnisse
sind ein häufiges Ergebnis. Ein Beispiel soll das Problem erhellen:

Anwalt (für die Hinterbliebenen): ‹Sie hatten diesen Mann doch schon
    getroffen, oder, Herr Wuruwul? – Sie hatten den Mann schon ge-
    troffen? – Einige Zeit vorher hatten Sie den Mann doch getroffen? Ist
    das richtig?›
Zeuge: ‹Ihn getroffen vor . . .›
Anwalt: ‹Ja, Sie hatten mit ihm gesprochen?›
Untersuchungsrichter: ‹Sie meinen kurz davor?›
Zeuge: ‹Ja.›
Untersuchungsrichter: ‹Kann ja sein, dass sie sich seit ihrer Kindheit
    kannten.›

Anwalt: ‹Einmal früher, bevor Sie den Speer in der Hand hatten, hatten
Sie ihn da getroffen?› – ‹Vielleicht sollte ich, Euer Ehren, darum bitten, dass ein Verteidiger vereidigt wird.›

Die Äußerungen des Zeugen und seine langen Pausen zeigen
deutlich, dass er (der eines Mordes beschuldigt werden könnte)
den Anwalt nicht versteht. Der Untersuchungsrichter hat die
richtige Eingebung, nämlich dass der Zeuge nicht weiß, welcher
Zeitraum gemeint ist. Bei Zeugen nicht-indigener Abstammung
wäre hingegen klar, dass ein ‹relevanter› Zeitraum gemeint ist,
der nicht zu weit vor dem Todesfall liegt. Denn es geht ja darum,
einen eventuellen Zusammenhang zwischen Tod und Bekannt-
heit zu konstruieren.

Es gibt zahllose sprachlich-kommunikative Regeln, die im
Englisch der Aborigines anders sind und auf die Existenz alter
Kommunikationsnormen hindeuten. Sie werden in Kap. 18 erörtert. Hier sollen nur diejenigen erwähnt werden, die sich bei
der Kommunikation vor Gericht als problematisch erwiesen
haben. Erstens haben ‹normale› englische Wörter oft eine andere Bedeutung als im Englischen oder werden anders ausge-
sprochen, was zu Missverständnissen führt. Zweitens wird In-
formation meist nicht durch direkte Fragen eingeholt, sondern
auf recht unterschiedlichen indirekten Wegen. Man macht eine
Annahme, zu der der Angeredete etwas sagen kann. Etwa so:
‹Irgendjemand hat doch mein Fahrrad weggenommen. Wenn
ich nur wüsste, wer›. Der Angeredete hat die Möglichkeit, den
Wissensmangel zu beheben oder nicht. Da Fragen bei Gericht
die Regel sind und Annahmen, wie eben illustriert, als suggestiv
oder als Beeinflussung gedeutet werden könnten, führt das
Aboriginal English zu einem Konflikt. Auch langes Schweigen
ist typisch, was als Schuldeingeständnis angesehen werden
kann. Hinzu kommt, dass Aborigines als Angeklagte oft etwas
bejahen, was gar nicht (in der vorgelegten Weise) geschehen sein
kann. Zahllose Aborigines sind auf diese Weise unschuldig verurteilt worden. Zur Zeit der Segregation war es geradezu eine
Strategie, Aborigines zu ‹überführen› und zur Zwangsarbeit zu
zwingen. Noch heute wird das oft systematisch zum Nachteil

der Aborigines ausgenutzt. McCrae, Nettheimund, Beacroft, drei führende Juristen, schreiben: «Statt für indigene Australier ein gerechtes und respektiertes Mittel der sozialen Ordnung und des Schutzes darzustellen, das ihren Bedürfnissen entspricht, bleibt die australische Strafjustiz ein fremdes, diskriminierendes Instrument der Unterdrückung. Durch sie werden Aborigines schikaniert, unfairen juristischen Maßnahmen unterworfen, auf unfaire Weise verhaftet, und oft sterben sie in der Obhut der Justiz.» (1997: 342).

Alle Bundesstaaten – auch Queensland – haben inzwischen Regelwerke erlassen, die Aborigines als Beklagten und Zeugen das Recht auf einen Übersetzer für das Aboriginal English einräumen (die so genannten *Anunga-Regeln*), und andere Schulungsmaßnahmen getroffen, aber die überproportionale Häufigkeit von Gefängnisstrafen hat nicht abgenommen. Wie im Bereich der Sozialpolitik sind neben der Rolle der Kommunikation tiefer liegende kulturelle Gründe zu vermuten.

Koexistenz zwischen traditionellem Recht und common law

Vor kurzem wurde im Nordterritorium ein Fall verhandelt, in dem eine Frau ihrem Lebenspartner einen Speer in die Hüften stieß, woraufhin er verblutete. Sie hatte ihn mit einer anderen Frau entdeckt. Die Angeklagte meinte, ihr Handeln sei nicht strafbar, denn sie habe die traditionelle Bestrafung für Untreue angewandt. Vor dem *High Court* erhielt sie eine verkürzte Gefängnisstrafe, da die traditionelle Sühnestrafe auf sie zukäme. In einem ähnlich gelagerten Fall verlangte ein Aborigine (vergeblich), dass sein Fall vor einem Gericht aus weißen und Aborigines verhandelt werde. Ein solches Gericht sei in den Augen der Jugend, so meinte er, ein Akt der Wiederherstellung von traditionellem Recht und Ordnung (http://townsville_bulletin.news. com.au/common/story page/, 10.1.05).

Das Prinzip der traditionellen Bestrafung ist die unmittelbare ‹Heimzahlung›, das *payback*, das eine harte Strafe darstellen kann. Die von der oben erwähnten Frau gewählte Strafe, den

Partner mit Speerstichen zu verletzen, ist vorgesehen. Ihre Folge, der Tod des Partners, gibt aber zu der Frage Anlass, ob das australische Recht das tolerieren muss, und ob die Konventionen der ILO oder der UNO das schützen würden: denn sie verweisen auf die Normen des höher stehenden Menschenrechts. Das Problem zwischen widerstreitenden Rechtsnormen wird angesichts der Praxis des ‹Besingens›, des *being sung*, verschärft. Das Besingen wird in manchen Gemeinschaften ausgeübt, wenn sich ein Aborigine dem *payback* zu entziehen versucht. Diese Hexerei, wie man auch sagt, hat zum Tode (auf dem Wege einer Erkrankung) einiger Angeklagter geführt. Da das Besingen durch einen Magier, einen *mabarn*, rückgängig gemacht werden kann, kam es in einem konkreten Fall in Kalgoorlie zu dem Vorschlag, traditionelle spirituelle medizinische Praktiken zu Hilfe zu rufen (http://www.austlii.edu.au, 1.12.04).

Ein sehr problematischer Aspekt von Strafsystemen ist das Strafverfahren. Schwierigkeiten, die darauf zurückzuführen sind, kennt auch Kanada mit seiner indianischen Bevölkerung. Es hat gute Erfahrungen mit der Anwendung indigenen Rechts und mit einem Richterkreis, dem *circle sentencing court*, gemacht. Der Angeklagte sitzt vor drei Ältesten, dem Friedensrichter, dem Ankläger, den Opfern und den Familienangehörigen. Er wird von seinesgleichen gehört und verurteilt, die oft mit seinem kulturellen und persönlichen Hintergrund vertraut sind. Genau das erzeuge, so hofft man, bei den Tätern das Gefühl des Beschämtseins, das *shaming*, das die Rückfallwahrscheinlichkeit mindern würde. Neusüdwales plant daher, den sogenannte *Koori Court* einzurichten, der aus einem Richter und einem Beirat von Ältesten, den *elders*, besteht. Man setzt auf den *shame* Faktor, der nun institutionell abgesichert entstehen soll. Man erwartet, dass diese Reform mehr Verständnis für Recht und Ordnung herbeiführen könne, als es die üblichen Strafverfahren tun. Gefängnisstrafen sollen aber weiterhin möglich sein.

Da traditionelle Praktiken alle Lebensbereiche betreffen, sind einige Anmerkungen zu Entwicklungen im Zivilrecht sinnvoll, die die Probleme der Verbindung traditioneller mit modernen Lebensformen erhellen. Das Jagen war eine der Säulen der

Versorgung in der vorkolonialen Zeit und blieb es bis weit ins 19. Jahrhundert hinein unter den traditionell lebenden Aborigines. Aufgrund der Überfischung der Meere bedürfen manche Tierarten des Schutzes, um ihr Aussterben zu verhindern. Ein Beispiel ist der Dugong oder die Seekuh, die in warmen, seichten Gewässern vor der Küste Queenslands und Neuguineas beheimatet ist. Sie gehört zu einer bedrohten Tierart, hat aber in der Kultur der Aborigines eine besondere Rolle gespielt. Da Traumzeitgeschichten auf sie Bezug nehmen, war der Dugong ein für die Sozialisation der Kinder wichtiges Tier. Das Jagen dieser großen, Pflanzen fressenden Tiere war schwierig, und der erfolgreiche Jäger erwarb hohes Prestige in der Gruppe. Das Jagen dieser Tiere kann also aus kulturellen Gründen nicht einfach verboten werden. Der Konflikt zwischen dem Artenschutz und der Kulturtradition ist nur zu lösen, wenn man die Betroffenen von vornherein in die Planung einbezieht. Neusüdwales möchte so traditionelles Jagen in den Nationalparks erlauben. Wohl wissend, dass es nicht in der traditionellen Form mit Speeren durchführbar wäre, akzeptiert man Geländefahrzeuge und das Gewehr. Man glaubt, das Jagen solle durch «seinen Zweck, nicht die Methode definiert werden.» Es habe einen erzieherischen, interpretatorischen und keinen kommerziellen Wert.

Alle Bundesstaaten versuchen die kulturelle Bindung über das Straf- und Zivilrecht zu stärken und zur Linderung sozialpolitischer Probleme beizutragen. Dadurch könnten die überproportionale Straffälligkeit und die hohe Selbstmordrate in Gefängnissen gesenkt werden, hofft man. Vor allem aber im Strafrecht werden Zweifel laut, ob die oft exzessiven Strafen des *payback* oder die milden Urteile des ‹weißen› Rechts (wenn noch traditionelles Recht zur Anwendung kommt) die Toleranz in der Gesamtgesellschaft den Praktiken der Aborigines gegenüber fördert.

15. Traumzeit und Christentum?

In der Kirche der Yarrabar Aboriginal Community bei Cairns treten seit längerem Tänzer mit traditioneller Körperbemalung auf. Ihre Tänze erinnern an die Korrobories der ‹alten› Zeit (vgl.

Abb. 4), sind aber von der sonntäglichen Bibellesung inspiriert. Die Uniting Church in Melbourne lud diese Gruppe 2005 ein, den Gottesdienst zu gestalten, so wie sie schwarzamerikanische Christen eingeladen hatte, Spirituals zu singen. In der Presse stieß das auf ein großes Echo, vgl. Abb. 11. Da sich Verbindungen zwischen der traditionellen Religion, dem *dreaming*, und den christlichen Glaubenspraktiken zunehmend in Australien finden, soll kurz auf sie eingegangen werden.

Charlesworth (1998) hielt die Religion der Aborigines für unvereinbar mit dem Christentum. Er erkannte aber an, dass es Verbindungen ‹im Leben›, wie er es nannte, gibt; er enthielt sich indessen einer Wertung ihres religiösen Status. Parallelen zu den Afro-Amerikanern in den USA oder den Christen in Lateinamerika oder Afrika tun sich auf, denn auch dort hat sich die Kirche den Ausdrucksformen vor Ort geöffnet, ohne dass der christliche Glaube Schaden genommen hätte.

Fragen des Glaubens und der Verbindung von Christentum mit religiösen Praktiken der Aborigines wurden schon Mitte des 19. Jahrhunderts virulent, als die Kirchen ihre Missionstätigkeit ausweiteten. Woran konnte man erkennen, ob sich ein Aborigine dem christlichen Glauben zugewandt hatte? Konnte man die Fortsetzung ‹alter› Praktiken tolerieren? Für Missionare waren Antworten auf diese Fragen wichtig, ehe sie jemanden taufen konnten. Bis zum Ende des Jahrhunderts verlangte man meist eine totale Abkehr von alten Traditionen, was man daran maß, ob jemand an Korrobories teilnahm oder den Totemismus prak-

Abb. 11: Traditioneller Tänzer in einer Kirche in Melbourne

tizierte. Ein solch hartes Kriterium hatte zur Folge, dass der Bekehrte mit seiner Gemeinschaft *de facto* brechen musste, was seinen wünschenswerten Einfluss einschränkte, andere aus seiner Gruppe zu ermutigen, sich dem Christentum zuzuwenden.

Dass man ein so hartes Kriterium wählte, hatte mit der damaligen Zeit zu tun, aber auch damit, dass man zu wenig über den Glauben der Aborigines wusste. Bis zur Mitte des 19. Jahrhunderts hatte man die Existenz einer Religion bezweifelt und sie dann als Geisterglauben oder Heidentum abgetan. Auf die wissenschaftlichen Debatten Ende des 19. Jahrhunderts über die Kulturentwicklung der Völker und die Frage, ob es universell geltende Evolutionslinien gibt, kann hier nicht eingegangen werden (Veit 2004 a/b). Folgenreich war jedoch der Konflikt zwischen Missionstheologen wie Carl und Theodor Strehlow einerseits und Anthropologen wie Baldwin Spencer andererseits. Während viele Missionare Jahrzehnte lang vor Ort gearbeitet und das Vertrauen der Aborigines gewonnen hatten, näherten sich Anthropologen oft von einer theoretischen Position ihrer Kultur und Religion. Was beide Seiten einte, war die Anerkennung eines religiösen Gefüges. Was sie trennte, war die Frage, ob es auf der untersten Stufe einer Entwicklung oder am Ende eines Zerfalls steht. Theologen prägten ein positives Bild, das in der einen oder anderen Form Allgemeingut werden sollte. Es sollte aber auch zu einer Trennung zwischen ‹ernsten› heidnischen und ‹weniger ernsten› Riten führen. Man konnte nun jemanden taufen, wenn er die ‹stark heidnischen› Gebräuche wie die Totempraktiken abwarf. Die Grenzen waren aber fließend und schwer zu generalisieren.

Allmählich wurden die Glaubensinhalte intellektuell und in ihrer Funktion mit der christlichen Religion genauer verglichen und so tendenziell eingeteilt in solche, die in einem engen Sinne ‹religiös›, und in solche, die eher mit einer säkularen Welt kompatibel waren. In einem säkularen Umfeld konnte man von der Philosophie der Aborigines sprechen, auf die der Begriff der gelebten Weltanschauung zutrifft. Die Landbindung, die die Natur schonende Wirtschaftsform, das Jagen und Sammeln für den täglichen Bedarf wurden als umweltfreundlich gedeutet und für die moderne Welt als vorbildlich dargestellt. So wurde das allumfassende Element der Religion anerkannt, aber manches, was mit *dreaming* gemeint ist, wurde säkularisiert.

Das befördert Hybridformen, die es Aborigines ermöglichen, eine christliche und eine traditionelle Identität zugleich auszudrücken. Man spricht in solchen Zusammenhängen gern von einem nach zwei Seiten richtbaren Kodex, einem *two-way*-Verhalten. Da der größte Teil der Aborigines heute der christlichen Religion angehört, lädt das dazu ein, die traditionellen Mittel als Ausdruck des christlichen Glaubens in die Kunst, vor allem die Malerei und den Tanz, einzuführen. Die schwangere Maria in Abb. 12 steht ohne Zweifel in der Tradition der Felsenmalerei in den Kimberley.

16. Acryl auf Leinwand

1994 bewarb sich eine australische Galerie um die Teilnahme an der Art Cologne, einer der bedeutendsten Messen in Europa für moderne Kunst, um die Malerei der Aborigines zu zeigen. Sie wurde ausgeschlossen, da Volkskunst nicht im Interesse der Messe sei, und wurde erst nach Protesten in Deutschland und Australien zugelassen. Die Art Cologne änderte ihre Satzung, um Ethnographica formal ausschließen zu können. Mit dieser Einstellung stand sie damals nicht allein, auch die Museen in Paris oder London zögerten. Heute findet man diese Kunst in den meisten Museen für moderne Malerei weltweit.

Die Kunst der Aborigines steht in der alten, religiös begründeten Tradition, transformiert sie jedoch und hat so internationale Wirkung erzielt. Manche Experten halten sie für die letzte große Kunstbewegung im 20. Jahrhundert und vergleichen sie und ihre hervorstechende Abstraktheit mit der Malerei Picassos in den 1930er Jahren (*Ms Magazine*, 12.4.05). Man unterscheidet eine Reihe von Richtungen, die sich in einem ersten Schritt auf die Kunst des ländlichen Raums und die eines urbanen Umfelds reduzieren lassen. Innerhalb dieser Unterteilung sind weitere Richtungen zu erkennen. Die zeitgenössische Kunst entdeckt neue Materialien, Motive und Techniken. Es gibt Glasmalerei,

Abb. 12: Die schwangere Maria

den Batikdruck und die Lithographie. Auch die Sandmalerei findet den Weg zur Permanenz. Man erkennt eine indigene Gebrauchskunst in der Werbung, die eine integrative australische Identität ausdrückt. Und auch die Holzschnitzerkunst und die Baumrindenmalerei werden gepflegt.

Im Folgenden sollen nur wenige Aspekte behandelt werden. Dazu gehören der Hintergrund der modernen Kunst, die exemplarische Darstellung einiger Richtungen und ihre Rezeption in Europa. Die ästhetische Dimension wird ausgeklammert (vgl. Bähr 2002; Sutton 1989; McCulloch 2001).

Der Hintergrund der modernen Kunst

Die moderne Kunst der Aborigines entstand im späten 19. Jahrhundert. Auslöser war die Sammlertätigkeit der in Australien und Europa entstehenden Museen für Völkerkunde, die zu einem Kunstgewerbemarkt führten, den die Missionen und Reservate betrieben. Allmählich entwickelte sich ein internationales Händlernetz, das Museen und Sammler belieferte. Im Vordergrund stand das, was der Markt wollte. In Australien waren dies Speere, Speerschleudern, Steinwerkzeuge, Bumerangs und zeremonielle Gegenstände wie Grabstöcke.

Die Forschungsreisen von Anthropologen und Ethnologen wie Charles Mountford in den 1930er Jahren brachten einen qualitativ neuen Schritt. Sie ermunterten Aborigines, rituelle Muster oder Traumzeitgeschichten mit Wasserfarben oder Farbstiften auf Papier zu malen. Mountfords Sammlung ist heute im Museum of South Australia zu sehen. Friedrich Wilhelm Albrecht, einer der bedeutendsten Missionare in Hermannsburg, war es, der das Talent Albert Namatjiras entdeckte und ihn dazu bewegte, eine Wandmalerei anzufertigen. Namatjira sollte einer der bekanntesten Maler werden, der national und international durch seine Gemälde mit Wasserfarben berühmt wurde. Später wurde er für die Assimilationspolitik politisch missbraucht.

Diese Anfänge bereiteten den Boden für den entscheidenden dritten Schritt: die Entwicklung von Malschulen. Ihren Ausgang nahm die Bewegung in Papunya, einem 1961 gegründeten Reservat nordwestlich von Hermannsburg, das als letzte Einrichtung die Politik der vollen Assimilation betrieb. Es wurde zur Heimat von Stämmen der Region wie den Luritjas und den Ost-Pintupis aus Westaustralien. 1971 kamen die West-Pintupis hinzu. Die durch die Mischung miteinander nicht verwandter Stämme herbeigeführte Konfliktsituation war die Ursache einer überaus schwierigen sozialen Situation, wurde aber auch zum Auslöser einer Bewegung, der nur noch ein Katalysator fehlte. Dieser kam 1991 in der Person des Englischlehrers Geoffrey Bardon. Bardon beobachtete die großen Fertigkeiten der Kinder, auf Sand zu malen, und animierte sie, die gleichen Muster auf Papier zu bringen. In einer seltenen Konstellation gelang es ihm, einige der Ältesten dafür zu begeistern, ein Wandgemälde zu malen. Und so kam ein Stein zum anderen, bis schließlich eine Malschule entstand. Ihr Erfolg führte zu der Frage, wie die Geschichten, die *tjukurrpas* oder *dreamings*, die sie ja darstellten, geheim gehalten werden konnten. So musste eine visuelle Sprache gefunden werden, deren Entschlüsselung nur dem gelang, der die Geschichten kannte. Für die Kunstwelt erschien die Lösung, nämlich die Punktmalerei, abstrakt und primitiv. Sie war aber vergleichbar mit der europäischen Kunst der 30er Jahre.

Western Desert Art:
Schichten des Verstehens und Stilrichtungen

Allgemein gesagt, thematisierten die Bilder Geschichten der Traumzeit, die oft mit dem Ort der Maler assoziiert sind. Sie sind also nicht darstellend, sondern narrativ und nutzen eine Symbolik, die für eine bestimmte Malschule typisch geworden ist. Die Geschichten werden auf drei Ebenen verschlüsselt. Um einen Einstieg zu finden, muss man zunächst die Orte kennen, die überhaupt nicht dargestellt sind. Die Symbole und Muster repräsentieren den darunter liegenden, öffentlichen Teil des *dreaming*, der den Gemälden beim Verkauf mitgegeben wird. Noch tiefer ist der geheime, Außenstehenden unzugängliche Teil der Geschichte.

Am Beispiel von Abb. 13 sollen die Verstehensschichten etwas erhellt werden. Yuendumu (s. Nr. 5) ist der Knotenpunkt, an dem fünf Geschichten zusammenlaufen. Vier der Spuren sind figurativ angedeutet (s. Nr. 2–4 und 6), die der Honigameise (s. Nr. 1) verläuft als gerade Linie durch das Bild von oben nach unten. Die Traumorte der Ameise sind als konzentrische Kreise entlang der Spur dargestellt (s. Nr. 8). Die handelnden Personen (s. Nr. 3), zwei Männer, laufen von rechts, aus Aralukaja kommend, nach links in das Bild und töten einen Mann im Kampf. Er ist als Skelett dargestellt. Man sieht über ihm die Waffen wie den Bumerang. Soweit ist die zweite Verstehensebene von Sutton (1989: 107 ff) dargestellt. Auf die dritte, ‹geheime› Geschichte geht er nicht ein. Aber auch der Zugang zum öffentlichen Teil des Gemäldes bleibt vage.

Das Bild ist, wie in der *Western Desert* Kunst typisch, mit Punkten unterlegt, die man als Hintergrund für die Traumspuren und den Kampf sehen kann. Die Punktmalerei hat mit der traditionellen Körperbemalung zu tun. Doch was das Bild so

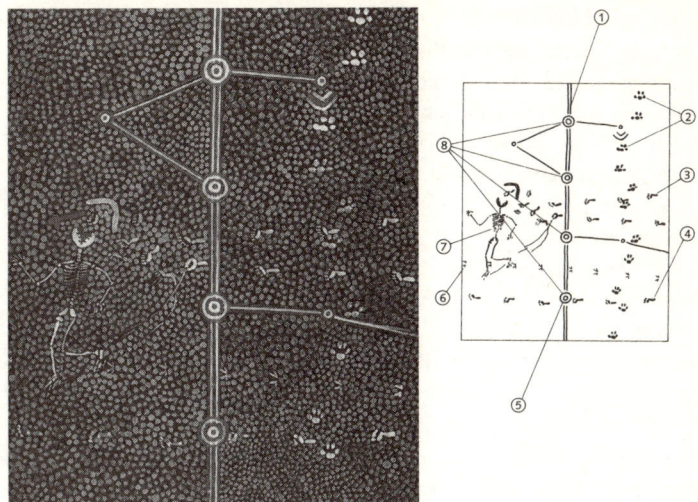

Abb. 13: Five Dreamings von Clifford Possum
1. Honey Ant Dreaming track
2. Dingo/Man track
3. Two Men coming from Aralukaja
4. Ancestral Nungarrayi woman's tracks
5. Yuendumu
6. Hare Wallaby Dreaming track
7. Man killed after fight and chase
8. Honey Ant Dreaming sites

interessant macht, sind die figurativen Elemente, wie die Fußspuren und der in der Tradition der Röntgenkunst gemalte Getötete. Sie zeigen eine neue Entwicklung in der *Western Desert Art*, die Sutton (1989) als Öffnung für die Bedürfnisse des Kunstmarktes deutet.

Zwar ist die Punktmalerei – mit oder ohne figurative Elemente – für die *Western Desert* Kunst typisch, doch haben sich auch andere Stilrichtungen herausgeschält. So kam es Mitte der 1980er Jahre zur Spaltung, als die Pintupi den Ort Papunya verließen und über das südliche Kintor in ihre Heimat Kiwirrkurra zogen. Sie etablierten dort eine neue, erfolgreiche Kolonie, was andere animierte, sich ebenso zu verhalten. Yuendumu, nordwestlich von Papunya, wurde schon erwähnt. Es war eine der ersten Schulen, die sich außerhalb Papunyas entwickelte.

Sie wurde dadurch bekannt, dass es hauptsächlich Frauen waren, die malten. Auch Hermannsburg erlebte einen neuen Aufschwung, und nordöstlich von Alice Springs bildete sich Utopia. Alle diese Schulen haben Eigenheiten entwickelt, die stark mit dem Ort der Künstler identifiziert werden. So spricht man von der Malerei in Papunya, Yuendumu oder Utopia. Ungeachtet aller Unterschiede sind sie unter dem Begriff *Western Desert Art* bekannt.

Die städtische Kunst steht dem *Mainstream* australischer Kunst in dem Sinne näher, dass sie – im Gegensatz zur *Western Desert Art* – figurativer ist und Themen aufgreift, die sich aus der Kolonialerfahrung ableiten. Auch ihre Geschichte reicht bis in die Mitte des 19. Jahrhunderts zurück. William Barak war einer der Ältesten eines Stammes, der auf dem Gebiet Melbournes beheimatet war und nach Corranderk, nördlich von Melbourne, umgesiedelt wurde. Nach diesem Ortswechsel begann er, rituelle Ereignisse mit realistischen Mitteln darzustellen. Sein Bild *Corroborie* (1885) zeigt Tänzer mit einer Kopfbedeckung aus Fell, die in Reihen aufgestellt sind. Ihre Anordnung und die Dynamik der Bewegung spiegeln ihre sozialen und religiösen Bezüge zueinander wider. Tommy McRae, ein zweiter Vorläufer der städtischen Kunst, begann 1860 mit der realistischen Malerei von Szenen der Jagd und des Angelns. Andere Bilder zeigen die Musikkapellen und Tänze der städtischen Weißen (Caruana 1994).

Wie die moderne, von der Tradition inspirierte Malerei blühte die städtische Malerei erst in den 1960er Jahren auf, wurde aber nie so prominent. Sie widmete sich in einer Mischung figurativer und andeutender Techniken den Themen, mit denen sich Aborigines in den Städten auseinander setzten. Eine besondere Richtung ist die Gefängniskunst, die *prison art*, die u. a. Robert Eggington in Perth ausstellt.

Diese Richtungen zeigen für den Außenstehenden vielleicht mehr als die *Western Desert* Kunst die Adaptationsfähigkeit der Kultur der Aborigines. Eine Richtung, die für Jahrzehnte Rätsel aufgab, waren die Toas, die um die Wende zum 20. Jahrhundert in der Nähe des Lake Eyre in Südaustralien auftauchten. Toas sind Holzskulpturen, die Vögel und andere Tiere darstellen. Als sie durch den deutschen Pfarrer Reuther bekannt wurden, hielt man sie für eine alte Kunstform, die Reuther eben erst jetzt bekannt gemacht hätte. Es zeigte sich aber, dass sie eine Innovation waren, denn ihr Auftreten endete etwa zu der Zeit, als die Mission, die Reuther leitete, aufgegeben wurde. Heute vermutet man, sie seien von zwei Lehrern auf der Mission angeregt worden.

Die Sandmalerei ist eine für den Moment – das Ritual – geschaffene Kunst. Sie ist in der Regel geheim und dient einem religiösen Zweck. Bei einem Typus von Sandmalerei verwendet man die gelb blühende *Wamulu* Pflanze, die getrocknet und mit Ocker vermischt wird und auf die Sandmuster ‹aufgesungen›, *sung onto its place*, wird. Das Ritual des ‹Aufsingens› verkörpert die Inkarnation der Traumzeitgeschichte selbst. Man kann sich diese Kunst als Prozess, als *Happening* vorstellen, das seine Bedeutung in der Situation entfaltet und mit dem Wind verschwindet. Kunst als Prozess, als *performance*, ist ein weithin bekanntes Konzept. Indem sie ein *dreaming* verkörpert, ist die Sandmalerei, wie die Kunst auf Leinwand, narrativ. Dem Pariser Kunstsammler Arnaud Serval ist es gelungen, Künstler wie Ted Egan Tjangala und Albie Moriss Tjampitjinpa dazu zu bewegen, Materialien beizumischen, die dem Bild Dauer geben. Es folgten lange Debatten unter den Künstlern und den Gruppen, die die Rechte an den Geschichten besitzen, ob dieser Schritt getan werden sollte. Am Ende kam man zu einem positiven Ergebnis und öffnete ein neues Fenster in die Kultur der Aborigines (*Sydney Morning Herald*, 4. 3. 2005).

17. Literatur, Musik, Theater, Medien und Sport

1. Here I live in this shack	1. Hier wohn ich in dieser Baracke
Nothing here worth coming back	Nichts, wozu es sich zurück-
To drunken fights and awful sights	zukommen lohnt
People drunk most every night	Zu betrunkenen Schlägereien
	und furchtbaren Anblicken
	Die Leute fast jede Nacht besoffen

4. On the way to Bran Nue Dae	4. Auf dem Weg zum nagelneuen Tag
Everybody everybody say	Soll jeder, jeder sagen
On the way to Bran Nue Dae	Auf dem Weg zum nagelneuen Tag
Everybody everybody say	Soll jeder, jeder sagen
Bran Nue Dae Oohhh	Nagelneuer Tag – Aahh

Bran Nue Dae strahlt viel Hoffnung aus und wurde zu einem der erfolgreichsten australischen Musicals. Es erzählt, wie ein Junge aus einer Stadtschule nach Hause, in die Nähe von Broome läuft. Dort angekommen, besingt die erste Strophe, was er vorfindet: eine armselige, gewalttätige Gemeinschaft. Die 4. und letzte Strophe besingt die Zukunft – ein neuer, anderer Tag solle es sein. *Bran Nue Dae* ist eine positive, spirituelle Geschichte, in der der multikulturelle Kontext der kleinen Stadt am Meer wichtig wird, wo schon im letzten Jahrhundert Weiße, Chinesen, Malayen, Aborigines und andere zusammenlebten. Die Songs fügen die englische *Country* Musik, die Musik der malayischen Perlenfischer und die der deutschen Missionare zu einer bewegenden Geschichte zusammen. Uraufgeführt wurde das Musical 1990 in Perth, heute gehört es zur Folklore der Region und ist ein Dauerbrenner in der von Aborigines geleiteten Fernsehanstalt Gulari in Broome.

Der französische Literaturwissenschaftler Xavier Pons vertritt die Auffassung, dass entgegen aller Vorhersagen die Kunst der Aborigines, sei es die Literatur, die Malerei oder Musik, selten vitaler gewesen sei als heute. Die Malerei oder der Tanz konnten relativ einfach auf Modelle der traditionellen Kunst zurückgreifen und deren Themen, die Geschichten der Traumzeit, darstellen. Die Literatur stand vor dem Problem, dass keine Sprache je eine Schriftform entwickelt hatte. Die schriftliche Ausdrucksweise war den Aborigines fremd. Das, was für den Bestand der Kultur wichtig war, das soziale Gedächtnis, war in Geschichten gegossen, die mündlich, mit geringen Wandlungen in Form und Inhalt, von Generation zu Generation weitergereicht wurden. Das wurde dadurch überhöht, dass ihr Wissen in Abhängigkeit vom Reifegrad der Heranwachsenden stufenweise weitergegeben wurde. Als sich das Englische durchsetzte, degradierte es die indigenen Sprachen und die Sprachenvielfalt zu einem unnötigen Luxus. Schon Mitte des 19. Jahrhunderts gab es in einigen Missionen Pamphlete oder ‹Zeitungen›, die den Hoffnungen der Aborigines in englischer Sprache Ausdruck verliehen. Ihr Thema war also die Gegenwart der Kolonisation.

Und so thematisiert die sogenannte hohe Literatur, die in einem europäischen Sinne eine späte Entwicklung ist, die Konflikte, die Leiden, die Trauer und die Hoffnungen in der Kolonialzeit und seit der Gründung des weißen Australien 1901. Diese Literatur sollte eine enorme Wirkung in der literarischen Welt erzielen. *Wild Cat Falling* (1965) war der erste Roman des Aborigine Autors Colin Johnson, der unter dem Pseudonym Mudrooroo bekannt ist. Er erzählt die Geschichte eines Jungen, der nach seiner Entlassung aus dem Gefängnis versucht, sein Wesen neu zu bestimmen, was ihm aber erst vor einer erneuten Verurteilung gelingt. Diesen Entwicklungsroman setzt Mudrooroo in zwei weiteren *Wildcat*-Romanen fort. In *Doin Wild Cat* (1988) und *Wildcat Screaming* (1992) verbindet er das traditionelle Leben mit modernen Formen des Tanzes, des Jazz und des Beat. Er öffnet sich afro-amerikanischen Lebensformen. Mudrooroo spielte bis in die 1990er Jahre eine große politische Rolle. Er geriet in die Kritik, als er zugeben musste, kein Aborigine zu sein, sondern eine afro-amerikanische Herkunft zu haben: sein Vater hatte sich als Aborigine ausgegeben.

Der Roman und die Kurzgeschichte wurden zu prominenten Genres. Sie thematisieren die Lebensgeschichten der Autoren oder die von Personen aus ihrem Umfeld. Doris Pilkington schrieb *Follow the Rabbit-Proof Fence*, was zur Basis des Films *Long Walk Home* wurde. Für *Caprice – A Stockman's Daughter* erhielt sie 1996 einen Literaturpreis. Sally Morgan wurde mit dem autobiographischen Roman *My Place* (1987) zu einer weltbekannten Autorin. Auf der Suche nach ihrer Identität entdeckt sie, dass sie Aborigine ist. In *Wanamurraganya* (1989) beschreibt sie die Geschichte von Jack McPhee, einem Wanderarbeiter in der Pilbararegion, deren Authentizität Jack McPhee und Patricia Königsberg in *Bee Hill River Man, Memories of Jack McPhee* (1994) allerdings bestritten haben. Die Gegenwartsbezogenheit fiktiver Literatur ist unübersehbar. Die Tradition der Mündlichkeit der Kulturen der Aborigines kommt jedoch authentischer in Geschichten zum Ausdruck, die auf Tonband aufgenommen wurden und von einem, in der Regel weißen, Anthropologen und dem Autor redigiert und dann publiziert werden. Auch sie erzählen oft das, was seit 1788 geschehen ist, verbinden es aber oft stärker mit der Traumzeit und entwickeln Erzähltechniken, die den traditionellen nahe sind. Wegweisend war Stephen Mueckes *Gullarabulu* (1983), das öffentliche Versionen von Traumzeitgeschichten enthält, die Paddy *Roe* erzählt. Manches, was als Literatur publiziert wird, ist stark argumentativ. Ein Beispiel ist *Elders* (2003). Es enthält *verbatim* die Monologe einiger australischer Ältesten zu Themen wie ‹Heilen›, ‹Das Land› oder ‹Jagen›. *Elders* entwirft ein Bild der traditionellen Lebensweise in ihrer Auseinandersetzung mit und in der weißen Gesellschaft.

Die Kolonialsprache, das Englische, macht es schwer, eine indigene Perspektive auszudrücken, worauf Mudrooroo zu Recht hinwies. Er nennt auch den Ausweg: das Aboriginal English, das viel von den Kommunikationsformen traditioneller Sprachen übernommen hat. In *Doin Wild Cat* hat Mudrooroo sogar eine Schreibweise für das Aboriginal English entwickelt, die seine Mündlichkeit betont. Eine abgeschwächte Methode ist das Entlehnen von Wörtern und die Übersetzung von Metaphern aus Aborigine-Sprachen. Die Suche nach einem Stil, der den Abstand vom Englischen des weißen Australien sprachlich realisiert, ist ein entscheidendes Merkmal der Literatur. Ein drittes Element, das wenig mit sprachlichen Darstellungsformen zu tun hat, wurde schon angedeutet: der oft hergestellte Vergleich des Schicksals der Aborigines mit den Schicksalen von Minderheiten wie den Juden im Dritten Reich, den Afro-Amerikanern in den USA, den Schwarzen in Südafrika, den Burmesen oder Asylanten. Sprachliche Entlehnungen sind die logische Folge.

Das Theater, einschließlich des Musik- und Tanztheaters, ist in Deutschland wenig bekannt. *Bran Nue Dae* wurde erwähnt. Zu nennen ist auch das Bangarra Dance Theatre und Chunky Move in Sydney. Das Bangarra Dance Theatre hat Gastspiele in

Großbritannien, Frankreich und den USA gegeben. Jane Harrisons Theaterstück *Stolen* wurde 1998 uraufgeführt und thematisiert die *stolen-generations*-Problematik. Es kam auch in Hong Kong, Tokio und New York zur Aufführung. *Rainbow's End,* ihr zweites Stück, wurde 2005 in Melbourne uraufgeführt und erzählt die Geschichte dreier *unbesungener* Helden – drei Frauen, die drei Generationen verkörpern und tagtäglich im Alltag zu kämpfen hatten: gegen den Rassismus in einer Kleinstadt; dafür, dass sie für die Familie Essen auf den Tisch stellen konnten; gegen die häufigen Überflutungen des Wohngebietes usf. Der Ort Rumbalara im Nordosten Victorias heißt in der Übersetzung ‹Rainbow's End›, und die Ältesten, die Jane Harrison immer wieder über das Leben der 1950er Jahre befragte, demonstrierten den Stoizismus, der alles war, was ihnen blieb. Im Sprachgebrauch des australischen Englisch wären sie die kleinen *battlers*, die Kämpfer, die ‹Schufter›.

Die Filmindustrie und Filmförderung haben die Potenz von Dokumentar- und Spielfilmen von Aborigines entdeckt. Der erste Dokumentarfilm stammt von Richard Frankland, der in der schon genannten *Royal Commission into Aboriginal Deaths* tätig war und 1996 einen Film über die Hintergründe der Selbstmorde drehte. Auf der Berlinale 2005 gewann der Regisseur Wayne Blair den Kurzfilmpreis für *The Djarn Djarns*, der sich mit dem Tod des Vaters eines elfjährigen Bandleaders befasst. Unübersehbar ist die Präsenz der Kultur der Aborigines in der Popkultur. Eine der bekanntesten Vorläuferinnen war die Band *Yothu Yindi*, die Manadawuy Yunipingu, Sohn eines der prominentesten politischen Führer der Aborigines in Arnhem Land, 1986 gründete. *Dances of Ecstasy* ist eine kürzlich erschienene DVD, auf der traditionelle Tänze in neuem Gewand zu sehen sind.

Ein Bereich, der im weitesten Sinne ebenfalls zur Kultur gehört, darf nicht fehlen: der Sport. Paul Goldmans *Australian Rules* (2002) wurde schon als ein Beispiel für die Schwierigkeiten des Zusammenlebens von Weißen und Aborigines in einer australischen Kleinstadt erwähnt. Die Helden sind zwei Jugendliche – ein Weißer und ein Aborigine –, die in einer Fußballmannschaft spielen und enge Freunde sind. Bei einer Preisverleihung kommt der tief liegende Rassismus offen zum Ausbruch, als der jugendliche Aborigine ermordet wird. Rassismus ist ein zentrales Thema im Sport, auch heute. Sport ist zudem der Bereich, wo dieses Thema eine breite Öffentlichkeit erreicht, und wo Stars zu nationalen Helden und selbst politisch aktiv werden können. Der Fußballer Michael Long, ein beredtes Beispiel, erzwang 2004 ein Gespräch mit Premierminister John Howard, nachdem er einen langen Marsch von Melbourne nach Canberra begonnen hatte. Er wollte Howard zur Rede zu stellen, nachdem dieser mehrfach den Hintergrund der *stolen generations*-Politik abgestritten hatte. Die Beteiligung der Aborigines am Sport geht bis in die Mitte des 19. Jahrhunderts zurück. Sie begann mit der typischsten aller Sportarten der Angelsachsen, dem Cricket. Dort erzielten sie als erstes Spitzenleistungen. Später kamen die Leichtathletik, der Fußball u. a. Sportarten hinzu. Als Kathy Freeman 2000 das olympische Feuer in Sydney entzündete, stand sie am Ende einer langen Kette von Spitzensportlern der Aborigines.

Die Vielfalt der Kultur zusammenzufassen, ist kaum möglich. Es soll daher mit Xavier Pons geschlossen werden, der ihre integrative Kraft hervorhebt. Diese zeige sich u. a. darin, dass sie das Schicksal der Aborigines in den Kontext der Schicksale anderer Minderheiten oder der Asylanten in Australien stellt. Die Empathie für andere sei ein tragendes Motiv – und das gilt auch für den Sport.

18. Sprachen im Wandel

«Wenn du deine Sprache verlierst, hast du alles verloren», ist ein Satz, den man oft hört. Wir müssen uns nur an die umfassende Bedeutung der Traumzeit oder die Verwandtschaftssysteme erinnern, um zu verstehen, dass der Verlust der eigenen Sprache folgenschwer war. Wenn wir bedenken, was an Wissen über Pflanzen, Tiere und die Natur über die Sprache vermittelt wird, wird das noch klarer. In Europa ging viel davon verloren, weil nicht mehr darüber gesprochen und das Wissen nicht mehr aktiviert wurde. Manches taucht heute in der Ökoszene wieder auf und wird politisch gewendet. Sprache ist Teil der Kultur, der Identität, sie prägt das Denken und Handeln und hat eine politische Dimension. Diese und einige andere Aspekte sollen nun erörtert werden.

Sprachverlust, Pidginenglisch und Aboriginal English

Wie gehen Sprachen verloren? In Australien vollzog sich der Verlust meist über den Wechsel zu einer anderen oder die Schaffung einer neuen Sprache. Die eigene Sprache wurde allmählich vergessen. Doch das trifft nur auf die überlebenden Sprecher zu. Die Situation für die Generation der Kinder war eine andere. Sie lernten die bedrohte Sprache nicht mehr oder nicht mehr in der alten Fülle. An die dritte Generation wurde sie nicht weitergegeben. Selbst für die zweite Generation kann das eine dramatische Erfahrung sein, die Wadjularbinna beschreibt. Sie und ihre Schwester waren in eine Mission verschleppt worden:

Unser Eltern konnten uns nicht besuchen und wir nicht sie. Meine Schwester und ich konnten kein Englisch. Die Folge war, dass man uns jeden Tag den Mund mit Seife wusch, denn wir mussten unsere Sprache sprechen. Nach einiger Zeit hatten wir Angst, überhaupt miteinander zu sprechen, weil wir diese Behandlung hassten. Es war wirklich sehr, sehr schlimm. Sie zwangen uns, in einer Ecke zu sitzen, wir durften nicht raus und mit den anderen Kindern spielen. So brachten sie uns dazu, dass wir unsere Sprache nicht mehr sprachen. (*Anglican Communion News Service*, 23.9.97)

Es gab Missionare, die Sprachen lernten und sie nutzten. Für die Lutheraner, Herrnhuter und andere Kirchen war das der Anfang der Missionsarbeit. Carl und Theodor Strehlow von der Neuendettelsauer Mission, Hagenauer und Spieseke von der Herrnhuter Brüdergemeine, die Londoner Missionsanstalt, die Presbyterianer und die Benediktiner mühten sich. Und oft hinterließen sie Material, das heute bei der Wiederbelebung manch einer Sprache hilfreich ist. Letztlich blieben ihre Anstrengungen Episoden, die dem staatlichen Druck, nur noch das Englische zuzulassen, nicht standhalten konnten.

Der Sprachverlust wurde 1788 in Gang gesetzt, als Arthur Phillip sah, dass die «Eingeborenen sich weigerten, zu uns zu kommen.» Er zweifelte gar daran, dass sie überhaupt kommen würden: «So konnte man ihre Sprache nicht lernen, ohne Zwang auszuüben. Sie sehen keinen Vorteil darin, der den Verlust an Land wettmachen könnte.» (Leitner 2004). Am Ende blieb nur ein Weg: das Kidnapping. Einige Gekidnappte starben, Bennelong überlebte und wurde zum Urheber eines rudimentären Englisch. Er lernte besseres Englisch und wurde nach England gebracht, wo er mit Queen Victoria sprach. Wenige Jahre nach seiner Rückkehr starb er – von seinem Stamm entfremdet. Der durch ihn eingeleitete Prozess, die Entwicklung eines Pidginenglisch, durchzog fortan die Geschichte des Kontaktes und die der Aborigines, denn dieses Pidgin wurde zu ihrer Sprache.

Man muss ergänzen, dass diese Darstellung nicht das gesamte Ausmaß, ja nicht einmal das Wesentlichste der Zerstörung beschreibt. Der Verlust ging viel tiefer und erfasste die gesamte soziale und kulturelle Basis, auf der die Sprachen ruhten. Anders ausgedrückt, heißt das, dass die Kontexte, in denen die Sprachen zwingend waren, so geschwächt wurden, dass sie schließlich verschwanden. So wurden die Religion, die soziale Hierarchie, das Recht und die Ordnung, das Wissen über Fauna und Flora, die Techniken des Jagens und Sammelns – all das in Sprache gegossene Wissen – in vielen Regionen nutzlos. Das Sterben der Sprachen selbst war eine Folge. Von den 500 Sprachen und Dialekten hatten nur etwa 50 eine Überlebenschance in einem anglophonen Umfeld.

Bennelong war, wie gesagt, der Schöpfer des neuen Englisch, eines ‹Pidginenglisch›. Am Anfang war dies ein sehr rudimentäres, ‹verachtenswertes› Englisch. Aber es erfüllte seinen Zweck: Schwarz und Weiß konnten wenigstens über ein paar Dinge reden. Allmählich entwickelte es sich, wurde zur *lingua franca*, die die Besiedlung begleitete und in allen Kolonien anzutreffen war. Es vermischte sich mit dem ‹Schulenglisch›, das mit der Einführung von Schulen für Aborigines ab 1830 entstand. So bildete sich eine Skala von Varianten des Englischen, an dessen unterem Ende das Pidgin stand, das heute im Norden Kriol genannt wird. Am oberen Ende rangiert das *Aboriginal English*, das frühere Schulenglisch. Es kann dem australischen Englisch näher oder ferner sein, je nachdem, wo und von wem es gesprochen wird. Oft suggeriert es eine täuschende Parallelität. Wenn jemand z. B. vor Gericht *I killem man*, ‹ich tötete den Mann›, sagt, heißt das oft nur, dass er ihn verletzte. *Aboriginal English* ist das Vehikel, das eine aboriginäre Identität in neuem Gewand ausdrückt und Eingang in die Literatur, das Theater und die Medien gefunden hat und wie die Malerei die Überlebenskraft der Kultur beweist.

Spracherhalt, Wiederbelebung und Sprachpolitik

Bis weit ins 20. Jahrhundert hinein wurde der Verlust hingenommen, als könne man ihn nicht verhindern. Aber die gesellschaftlichen Wandlungen der 1970er Jahre hatten ein Klima geschaffen, das die Frage des Spracherhalts und der Wiederbelebung in ein neues Licht rückte. Multikulturalismus ohne Sprachenvielfalt – das war undenkbar, und so entwickelte sich ein Umfeld, das alle Gruppen – die Mehrheitsgesellschaft, die Migranten und die Aborigines – umfasste und das die Pflege der indigenen Sprachen förderte.

Das Australian Bureau of Statistics erhebt seit langem Daten, die das Ausmaß des Verlustes und Erhaltes messen. Karte 13 zeigt die Gesamtsituation, die sich 1996 ergab. In den früh besiedelten, urbanen Regionen im Küstenbereich im Südosten, Süden und Südwesten gibt es keine Aborigine-Sprache mehr. Dort dominiert das *Aboriginal English*. Aber selbst dort, wo traditionelle Sprachen aus dem aktiven Gebrauch verschwunden sind, gibt es die Erinnerung der Alten. Gemäß Bertha Korbe geben viele Aborigines an, nie eine Sprache gelernt zu haben. Und doch hätten sie dieses und jenes Wort aufgegriffen: «Wir haben unsere Erinnerung», die sich aktivieren lässt (Aird 1996: 23). Es sind Idealisten wie Rob Amery, die auf diese Weise und mit Hilfe der noch vorhandenen Dokumente der Missionare versuchen, Sprachen und Kulturen zu bewahren, zu stärken und neu zu beleben. Nicht ohne Erfolg! Die lutherischen Missionare

Schürmann und Teichelmann hatten um 1839 eine Schule errichtet, in der sie in Kaurna unterrichteten. Sie hinterließen
zahlreiche Unterlagen, die zur wichtigsten Quelle wurden, diese
Sprache wieder zu beleben. Nachdem sie lange als tot galt, wird
sie, die Sprache Adelaides, wieder verwendet. Die Sprachen
finden Widerhall; sie werden nicht nur von Aborigines gelernt.
Neben traditionellen Lehrformen erfreuen sich Sommerschulen
großer Beliebtheit. Aufgrund der in der Wissenschaft und Politik geteilten Meinung, dass der Sprachverlust auf den Verlust
von Weltwissen hinausläuft, haben die UNESCO, der Europarat
und andere Institutionen Programme aufgelegt, die den Verlust
verhindern oder wenigstens dokumentieren sollen.

Die politische Dimension von Sprache wird noch brisanter,
wenn man bedenkt, dass jede Lokalgruppe ihre Sprache hatte,
dass sie ihr Eigentum war, für das sie zu sorgen hatte. Nicht
jedermann hatte das Recht, sie zu lernen und zu nutzen. So ist
durchaus strittig, ob der Staat das Recht hat zu reglementieren,
ob eine Sprache in der Schule angeboten werden kann. Denn
nicht jeder könne unter dem Vorwand, Weltwissen schützen zu
wollen, auf Sprachen zugreifen, ohne sich der Zustimmung der
Ältesten zu versichern. Oft wurde diese verweigert. Wer helfen
will, muss die Gemeinschaften selbst ins Zentrum rücken, sie
überzeugen. Ein Aborigine vertritt die Auffassung, dass die
«Gemeinschaft der Ort ist, an dem eine Sprache ihren Ursprung
hat; sie allein muss das Zentrum und der Zweck sein, für den
man eine Sprache wieder belebt und wo man sie nutzt.» Er fügt
hinzu, dass Lehrwerke Fragen nach dem geistigen Urheberrecht,
dem moralischen Recht der Aborigines, über ihre Kunst, Kultur
und Sprachen zu bestimmen, aufwerfen.

Veränderungen der Sprachen

Das Englische wurde schnell zur Landessprache. Keine der indigenen Sprachen konnte sich seinem Einfluss entziehen. Wörter
aus dem Englischen, wie *badal* ‹bottle›, *baradu* ‹bread›, *djuga*
‹sugar› oder *the king* ‹bottle of wine›, gingen in viele Sprachen
ein. Die Grammatik wurde dem Englischen ähnlicher, die reiche

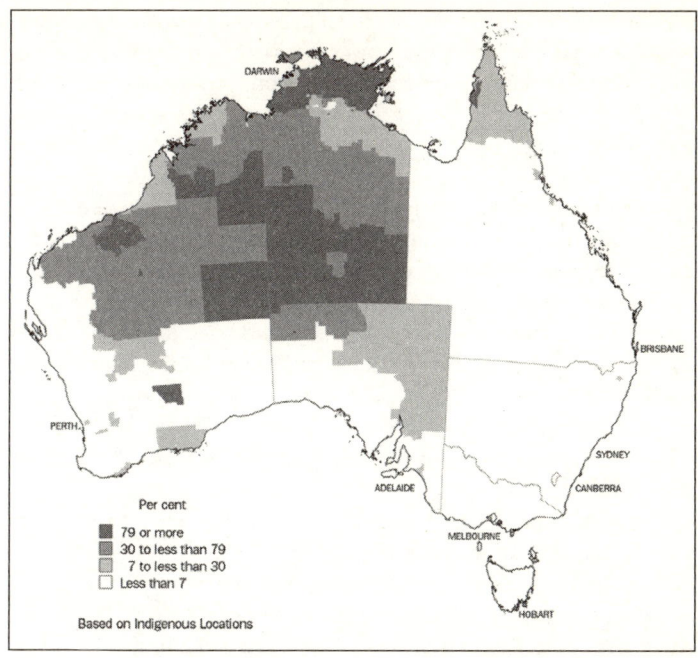

Karte 9: Der Erhalt traditioneller Sprachen, 1996

Beugung der Wörter nahm ab. Die Sprachstile, die Lexik des Verwandtschaftssystems u. a. wurden dezimiert, an die moderne Gesellschaft angepasst – ohne allerdings völlig den Kontakt mit der alten, traditionellen Kultur zu verlieren. Die Kontakte zu den Nachbarsprachen, die die weitläufige Kommunikation sicherten, gingen verloren.

Wie in Nordamerika und Neuseeland haben die Sprachen der Aborigines das Englische, ja auch andere Sprachen beeinflusst. Kanguru, Koalabär oder Didgeridu – all diese Wörter kommen aus ihnen und finden sich weltweit. In der Regel übten vor allem die Sprachen einen Einfluss aus, die in früh besiedelten Regionen verwendet wurden. Aber die Erforscher des Kontinents brachten auch Wörter von entlegeneren Regionen mit, die

die Fauna, die Flora, die Werkzeuge – wie den Boomerang – oder die sozialen Strukturen und Gebräuche – wie das Korroberie – bezeichneten und ins Englische übernommen wurden.

19. Neue Ansätze – neue Zukunft?

Die Bereiche, von denen in den letzten Kapiteln die Rede war, deuten positive Entwicklungen in der geistigen Kultur im weitesten Sinne, also in der Kunst, Religion, dem Rechtswesen oder der Literatur an. Die Rückbesinnung auf die traditionelle Kultur und die Transformation in neue Gewänder erzielen aber auch eine Außenwirkung, die eine wirtschaftliche Potenz hat. Es gibt ein Kleingewerbe im Besitz oder unter dem Einfluss von Aborigines, das im Kontrast zu dem Bild der «Vierten Welt» steht (Kap. 12). Hier und im folgenden Kapitel soll näher darauf eingegangen werden.

Der Kunstgewerbemarkt, der zu Beginn des 20. Jahrhunderts entstanden ist, kann noch als sozialpolitisch motivierter Versuch gedeutet werden, eine sinnvolle Beschäftigung für Aborigines zu finden, die den Missionen und Reservaten hilft (Kap. 16). Auch die frühe Malerei in Hermannsburg steht in diesem Kontext. Erst in den 1960er Jahren trat der wirtschaftliche Aspekt der modernen Malerei und der Malschulen stärker hervor, nachdem die weißen Katalysatoren nur noch als Mittler arbeiteten. Bardon hatte den Anstoß in Papunya gegeben, andere Kunstkolonien hatten andere Berater. Sie lieferten das Material, sammelten die Bilder, brachten sie auf den Markt und verteilten das Geld. Die Malschulen produzierten zunehmend in Eigenverantwortung für den nationalen und internationalen Markt, öffneten die Kunst mehr und mehr und wurden figurativer, leichter zu erschließen.

Heute ist die Malerei ein wichtiger Wirtschaftsfaktor. 2004 belief sich der Umsatz auf etwa 20 Millionen australische Dollar, 2005 wurden noch höhere Umsätze erzielt. Der Exportwert ist erheblich, vor allem, wenn Gemälde auf Auktionen versteigert werden. In Sydney wurden 2003 etwa € 900 000 erzielt. Ein Gemälde von Emily Kame Kgnwarreye (1910–1996) aus Utopia, die erst mit 77 Jahren mit der Malerei begonnen hatte, wurde für € 80 000 versteigert. Das Gemälde *Spearing of Matingliangu* von Johnny Warangkulu Tjupurrula aus Papunya erreichte 1974 etwa € 35 000. Ein Problem, das die Erträge mindert, ist die Tatsache, dass die Künstler beim Wiederverkauf nicht beteiligt werden. Gerade dort werden jedoch meist weit höhere Preise erzielt. So wurde ein Bild von Tjupurrula 1973 für $ 206 000 versteigert, und drei Jahre später erzielte es $ 486 500. Künstlerorganisationen pochen daher auf eine Neuregelung für geistiges Eigentum, analog zu Medienprodukten oder einem Gesetz in Frankreich, um Künstler an Folgeeinnahmen zu beteiligen. Der Victorian Aboriginal Artists Development Trust denkt an eine andere Lösung, nämlich Werke nicht als Einzelwerk, sondern in einer limitierten Auflage zu verbreiten. Der Wirtschaftsfaktor Kunst wird zunehmend von der Politik anerkannt. Westaustralien hat ein Infrastrukturprogramm für Künstlerfirmen in den Kimberley aufgelegt. Ob Kunst aber ein Mittel ist, die Armut in Regionen wie Zentralaustralien zu mindern, sei dahingestellt. Zu oft wird das Geld nach komplexen Regeln unter Verwandten verteilt und fließt nur selten in langfristige Programme.

Neben der bildenden Kunst spielen Musik und Theater, aber auch die Landwirtschaft, der Bergbau und der Tourismus eine wachsende Rolle. Selbst der akademische Sektor trägt zur Bildung einer Mittelschicht im interkulturellen Management bei. Printmedien, Rundfunk und Fernsehen sind regional im Besitz von Organisationen der Aborigines, die selten kommerziell ausgerichtet sind, aber eine Plattform zur Darstellung der Kultur bieten.

Auch die Landrechte stellen eine Einkommensquelle dar, die Arbeitsplätze schafft und Gemeinschaften zugute kommt. Ein paar Beispiele sollen das verdeutlichen. In der Pilbara Region in Westaustralien wurde ein Vertrag über den Bau einer Goldmine geschlossen, aufgrund dessen die Eigentümer über 20 Jahre hinweg 20 Millionen $ erhalten werden. Im Umfeld sind *joint ventures* vereinbart worden, die Arbeitsplätze schaffen (ABC Indigenous News, 19.9.04). In dem mehrfach genannten Gebiet

Gove sieht ein Vergleich mit der Alcan Aluminiumraffinerie
vor, dass die Eigentümer in einem *joint venture* einen 40-prozen-
tigen Anteil übernehmen und den Bergbau zulassen. International bekannt geworden ist der Uranabbau in der Kakadu Region
(Kap. 4). Die Proteste gegen diesen Abbau endeten in einem Mo-
ratorium, das im Frühjahr 2005 auslief. Der Abbau dürfte in der
Zukunft genehmigt werden, wenn die Gespräche zwischen Cogema, der auch in Europa bekannten französischen Firma, und
den Eigentümern wie erwartet verlaufen (AAP, 25.2.05). Man
kann über die Gründe, warum es zu einer Situation kam, in welcher der Uranbergbau eine Chance hat, nur spekulieren. Man
vermutet, dass die Arbeitsproblematik für Aborigines die eine
Seite ist. Seitens Cogema mag der Konflikt zwischen dem Ziel
des Kyoto-Protokolls, nämlich den Ausstoß von CO_2 zu reduzieren, und der Alternative, die Nukleartechnologie einzusetzen,
einen neuen Versuch wert gewesen sein. Die im Auftrag des
Wirtschaftsministeriums erstellte Studie *Indigenous People in
Mining* informiert über die wirtschaftliche Dimension. Weit
über 30 Unternehmen stellen demnach Arbeitsplätze für Aborigines bereit.

Was die Landwirtschaft angeht, so ist der Export von Kame-
len anzuführen, die Mitte des 19. Jahrhunderts aus Afghanistan
als leistungsfähige Transporttiere eingeführt wurden. Ihre Zucht
verkam nach dem Bau der Eisenbahnlinien und der Verwendung
von Lastwagen, die Kamele verwilderten. Man schätzt, dass es
etwa 500000 wilde Kamele gibt. Westaustralien begann mit
dem Export in den Vorderen Osten. Der wirtschaftliche Aspekt
ist dabei nur einer, der soziale ein anderer, denn das Projekt wird
durch die Weinindustrie gefördert und verfolgt das Ziel, den
Alkohol- und Drogenmissbrauch in der Region zu bekämpfen.
In Arnhem Land wird eine andere Naturressource vermarktet,
nämlich die Langhalsschildkröten. Der Tourismus ist einer der
wichtigsten Sektoren, der teils in der Hand der Aborigines
liegt. International bekannt sind Uluru, das Barrier Reef und
der Kakadu Park. Dort hat sich eine Serviceindustrie für Bus-
touren, Führungen, Kleinmuseen, Hotel- und Gaststättenge-
werbe, Theater und Kunstgewerbe entwickelt, die Arbeitsplätze

schafft. Städte wie Alice Springs, Broome etc. hängen vom Tourismus geradezu ab. Allerdings ist es selten, dass Aborigines viele der Arbeitsplätze einnehmen.

Eines der Grundprobleme der Wirtschaftsentwicklung wird bei solchen Ansätzen sehr deutlich: der kaum zu überwindende Zirkel zwischen der fehlenden Qualifikation der Arbeitnehmer und den unangenehmen Anreizen zur Beschäftigung.

20. New Wave Cuisine, Estée Lauder und Medizin

Die Nahrungsmittel der Aborigines galten von alters her als primitiv, wenig anziehend, auch wenn sie, wie in Kap. 8 ausgeführt, vielfältig und nährreich sind. Ihr Nährwert und neue Möglichkeiten der Verarbeitung waren uninteressant, und noch heute bieten die Völkerkundemuseen Kindern vorwiegend die Lebensmittel als Amüsement an, die, wie Ameisen, gruselig sind. Und wer mag schon Schlammwürmer, wenn es Austern gibt! Anderes, weniger Skurriles gilt als ‹Buschessen› oder *bush tucker*, was zumindest den Reiz des Exotischen hat. Da aber die Fauna und Flora als Quelle für Nahrungsmittel, Medizin und Kosmetik heute eine Art Renaissance erleben, soll ihre wirtschaftliche Bedeutung für den Export kurz beleuchtet werden.

Die jetzt beobachtbare Hinwendung zu traditionellen Nahrungsmitteln und Nutzpflanzen erfolgt im Kontext des Interesses am Alternativen und Esoterischen. Doch ohne ein neues Denken hinsichtlich des Wertes der Lebensformen uralter Gesellschaften in Asien, Südamerika und Australien wäre sie kaum möglich gewesen. Gemeint ist damit ein Denken, das das Wissen der Aborigines respektiert, sie als Partner bei der Entwicklung neuer Verwendungsweisen sieht und ihr uraltes Wissen für die Moderne nutzbar macht.

Hier sind einige Beispiele dafür, was die *New Wave Cuisine* in Europa und Amerika inzwischen tut. Die *Gubinge*, die Geispflaume, ist für ihren Vitamin C-Gehalt bekannt und dient wie die Lemonenmyrte in pulverisierter Form, als Gewürz. Die *Warrigal Greens* sind eine Art Spinat, der *Quandong* oder *native peach* mit seinem Aprikosengeschmack ist eine Frucht, wie auch die *Rosellablüte*, eine Art Hibiscusblüte, oder die Buschtomate. Als Gewürze dienen sie der Verfeinerung oder Aromatisierung von Gerichten oder Getränken. So gibt es Vodka oder Margerita mit einem Aroma aus Limonenmyrte und Wildlimonen. Das Wallaby, das Känguru, das Emu und andere Wildtiere werden als Hauptgericht oder Beilage serviert.

Auch wenn traditionelle Lebensmittel eine Renaissance erleben, besteht die Gefahr, dass das jahrtausendealte Wissen in vielen Regionen verloren geht. Glenn Wightman, ein Botaniker, hat das Wissen über Lebensmittel, die Zubereitung, die Wirkung und das botanische Klassifikationssystem von 16 Stämmen eruiert. Er fand heraus, dass die Mangrovenwürmer, die wie ein Streifen Schleim aussehen, vor dem sich die meisten Leute ekeln, wie Schlammmuscheln schmecken, viel Eisen enthalten, die Herztätigkeit fördern und gegen Husten und Erkältungen helfen. Die Buschteeblätter, die wie Nelken schmecken, können als Gewürz Spaghetti und anderen Gerichten beigemischt werden. In der Medizin helfen sie bei Atemwegsproblemen. Der gelbe Kapok wird wegen seiner Blüten gegessen. Da er zu der Zeit blüht, in der die Krokodile Eier legen, war er für Aborigines ein Zeichen für den Beginn der Jagdsaison. Mit Unterstützung der Regierung des Nordterritoriums will Wightman dieses uralte indigene Wissen den Aborigines wieder zurückgeben, damit ein mittelständischer Sektor Pflanzen und Derivate vermarkten kann.

Einer derjenigen, die in großem Stil diese Lebensmittel verwenden, ist Vic Cherikoff (www. cherikoff.net/cherikoff). Auf seinen Reisen durch Australien sah er das, wie er schreibt, zerstörte, für die Landwirtschaft ‹gereinigte› Land. «Die Gräser, Gewürze, Früchte, Nüsse, Samen und andere Lebensmittel – sie waren von riesigen Landstrichen des ‹verbesserten› Weidelandes und des landwirtschaftlichen Ödlands für immer verschwunden.» Sein Studium der Lebensmittelchemie und seine Tätigkeit in der klinischen Pharmazie brachten ihn auf den Gedanken, dass eine ganze Industrie darauf warte, entdeckt zu werden. Aus Wildfrüchten macht er nun Saucen, Chutneys und Marmeladen.

Eissorten und Cocktails fügt er neue Aromen bei. Der Samen der australischen Akazie, die *Wattleseed*, wurde früher in heißem Sand zu einem Samenkuchen gebacken. Heute wird er als Gewürz verwendet, das reich an saturierten Fetten und Kohlehydraten ist. Er konserviert Sahne und verderbliche Ware und hilft gegen Diabetes. Der Quandong wird Nachtischen wie der Wattleseed Pavlova, einer Art Baiser, beigemischt. Wildlimonen finden mit ihrem leicht bitteren Geschmack Verwendung zur Garnierung von Austern, Hauptgerichten und Nachspeisen. Die vertrocknete äußere Rinde eines Baumes, der dem Teebusch verwandt ist, wird um Fleisch gewickelt und ergibt einen Rindengeschmack. Buschtomaten werden zu einem Chutney verarbeitet.

Cherikoff produziert Siruparten, Öle, Pasten, Saucen und Softdrinks und exportiert weltweit, u. a. auch nach Deutschland. Australische Nahrungsmittel werden auf der ganzen Welt in gehobenen Restaurants verwendet. Unter dem Begriff *bush tucker* bietet ein mittlerer Preissektor billigere Gerichte in Touristengebieten an. Supermarktketten verkaufen nun auch traditionelle Gewürze und Öle.

Auch die Kosmetikindustrie und die Medizin haben sich der Flora zugewandt. Estée Lauder importiert seit 2004 Sandelholz aus Nordostaustralien für Cremes. Die Medizin hat den Nutzen der Heilkräuter und der Buschblüten erkannt. Die Zitronenmyrte helfe gegen Erkältungen; Sänger verwenden sie, um ihre Stimmbänder zu pflegen. Der Zweig der Medizin, der Kräuter und Pflanzen intensiv nutzt, ist die alternative, manchmal an der Grenze zur Esoterik liegende Medizin. In ihrem Zentrum stehen die Buschblüten, denen eine seelische Heilkraft zugeschrieben wird. Die *Banksia robur*, eine stilförmige gelbe oder lilafarbene Blüte, erwecke das Interesse am Leben und Lebensfreude wieder. Die Süßwassermangrove fördere die Offenheit und Neugierde. Die Waratha, eine Buschblüte mit purpurroten Blüten und fetten Blättern, sei gut gegen Verzweiflung. Dem Grunddenken dieser Medizin entsprechend werden die Blütenessenzen auf Wegen der Absonderung, nicht durch das Pressen der Blüten gewonnen, so dass deren «Kraft», ihre «Schwingungen» erhal-

ten blieben. Es gibt zu diesem Thema eine reichhaltige Literatur
(Hobert 2004).

Im Unterschied zur Kunst und anderen Produkten, die einen
wirtschaftlichen Nutzen für Aborigines nach sich ziehen, sieht
die Lage hier anders aus. Auch wenn es mühevoll ist, diese
Pflanzen zu suchen – denn angebaut werden können und sollen
sie nicht –, wird das nicht zu einem Wirtschaftsektor für Aborigines werden. Das Wissen über die Wirkung der Blüten ist nicht
schützensfähig – im Unterschied zu den Mustern der Kunst.
Eine Partnerschaft ist in diesem Sektor kaum denkbar, es sei
denn Aborigines nähmen die Produktion, den Vertrieb, Handel
und Export selbst in die Hand.

D. Eine gemeinsame Zukunft?

Dass Großbritannien mit der Kolonisation Australiens eine Kette von Unrecht eingeleitet und die australische Regierung das nach der Staatsgründung 1901 nahtlos fortgesetzt hat, ist unbestritten. Die australische Regierung weigert sich bis heute, die Schuld für das Unrecht formell anzuerkennen und die Aussöhnung auf eine sichere symbolische Grundlage zu stellen. Das Wort *sorry* blieb bislang aus, der Prozess der *reconciliation* kommt nicht voran.

Auch wenn finanzielle Forderungen im Spiel sind, würden sie nicht den Kern der Aussöhnung treffen. Der liegt tiefer. Es geht um die Fragen, wie das Land mit seiner historischen Schuld umgeht, und was das für seine Identität heute bedeutet. Es geht um die Frage, wie sich ‹die› Aborigines dazu stellen und welche Zukunft sie für sich in der Gesellschaft sehen: integriert, assimiliert, als konstitutiver Teil oder als Parallelgesellschaft? Mit diesen Fragen und einer Reflexion darüber, wie wir das in Deutschland sehen könnten, soll das Buch abgeschlossen werden.

21. Die Auseinandersetzung mit der Vergangenheit

Die Debatten über den Umgang der Nation mit der Geschichte werfen politische, wissenschaftliche und moralische Fragen auf. Die Geschichtswissenschaft ist gefragt, die Quellen und die Faktenlage zu klären, was in einer gewissen Weise eine Art Parallelität zu dem Thema des Holocaust in Deutschland aufweist. Gab es in der Geschichte Australiens Ereignisse, die im weitesten Sinne mit dem Holocaust verwandt sind? Gab es systematische, politisch tolerierte, ja gewollte Massenmorde? Die Debatte ist unter dem Namen *history wars* oder unter dem des Genozids bekannt. Der Philosoph Charlesworth greift diese Frage auf, lässt die Antwort aber offen:

Im Allgemeinen wurden Aborigines von Farmern wie eine Art verfüg-
bares Gut behandelt und wie in Sklaverei gehalten, in der man Frauen
und Kinder oft sexuell misshandelte. Sie waren spasmodischen Massa-
kern ausgesetzt und wurden willkürlich gefangen genommen; ihre Kinder wurden ihnen ‹zum eigenen Wohlergehen› entzogen. ‹Genozid› ist
kein Begriff, den man leichtfertig verwenden sollte, aber dieses Muster
grausamer Unterdrückung führte zum fast völligen Aussterben vieler
Gruppen von Aborigines und dem Verschwinden ihrer Sprachen, ihrer
Verwandtschaftssysteme und vor allem ihrer reichen und komplexen
Religionen. (1998: xxiv)

Der schon genannte Gary Foley ist in dieser Frage eindeutiger,
wenn er einen Vergleich des deutschen Holocaust mit dem
Schicksal der Aborigines in den 1930er Jahren zieht. Und er ver-
weist auf ein fast unbekanntes Ereignis, indem er darlegt, dass
Aktivisten der Aborigines 1938 beim deutschen Konsul Dr. R.
W. Drechsler in Melbourne gegen den beginnenden Genozid in
Deutschland protestieren wollten. Der Protest wurde nicht an-
genommen.

Der Auslöser für die ‹Interpretationskriege› bezüglich der Geschichte des Kontaktes mit den Aborigines, der um das Thema
Holocaust kreiste, war das tasmanische Port Arthur, wo schon
1803 ein Straflager eingerichtet wurde. Da das unmittelbar
zu Konflikten führte, startete Gouverneur George Arthur eine
Vertreibungspolitik, die mit Erschießungen einherging. Die
Mehrzahl der ursprünglich etwa 4000 Aborigines kam innerhalb kurzer Zeit um. Truganini, die letzte reinrassige Aborigine,
starb 1876. Ab 1830 wurden die wenigen hundert Überlebenden auf der kleinen Insel Flinders Island, nordöstlich von Tasmanien, kaserniert. Die Frage, die die Öffentlichkeit und die
Forschung beschäftigt, ist, ob Massaker für diese Katastrophe
verantwortlich waren, oder ob sie nur Begleiterscheinungen
waren. Der Historiker Keith Windshuttle bestreitet in *The
Fabrication of Aboriginal History* (2002) Massaker und wirft
der Geschichtswissenschaft eine fast bewusste Verdrehung der
Fakten vor. Die Hauptursache des Aussterbens sieht er in
Krankheiten oder Stammesfehden.

Seine Thesen wurden als Versuch gewertet, die Kolonialgeschichte zu beschönigen. *Whitewash* war ein häufiger Vorwurf.
Aber Historiker konnten Windshuttles Thesen nur zum Teil
widerlegen. Festzustehen scheint, dass die Alternativen zur Er-
klärung des Aussterbens der Aborigines nicht pauschal von der
Hand zu weisen sind. Die Pest, Lungenentzündung, Geschlechts-
krankheiten oder Grippe haben eine große Rolle gespielt; die
Aborigines waren gegen sie nicht immun oder hatten keine
Medizin. Auch Stammesfehden sind nicht zu bestreiten. In *Invi-
sible Invaders* (2002) untersucht Judy Campbell die Plausibilität
der These, dass Krankheiten für das Massensterben verantwortlich seien. Zwischen 1790 und 1860 habe es drei Pestepidemien
gegeben, durch die Zehntausende umgekommen seien. Da die
Briten und die heutigen Indonesier gegen die Pest immun waren,
können sie nicht dafür verantwortlich gewesen sein. Die einzi-
gen, die nicht immun waren, waren die Bewohner der Insel Ma-
cassar und Ujung Pandung auf Sulawesi. Die Pest kann also
nur von ihnen ausgegangen sein. Die Präsenz der Macassars
im Norden Australiens ist seit Anfang des 18. Jahrhunderts
bekannt. Aber die Epidemie in Sydney kann nicht auf sie zu-
rückgegangen sein, denn: sie waren nie dort. Insgesamt bleibt
jedenfalls festzuhalten, dass die Pest ein Teil der britischen und
europäischen Kolonialzeit war.

Auch wenn man Massaker als Hauptursache des Sterbens
ausschließen will, kann der Vorwurf des Genozids nicht aus-
geräumt werden. Neben Tötungen, Epidemien und anderen
Krankheiten spielen Vertreibung, Kindesentführung und die
Praxis der Eugenik eine Rolle. Sie führten zu einem rapiden Ab-
sinken der Fruchtbarkeit. Und es sind diese Kriterien, die in der
Genoziddefinition der *Internationalen Konvention gegen Genozid* genannt werden. Genozid heißt demnach u. a.

(d) Maßnahmen zu erzwingen, die die Fruchtbarkeit einer Gruppe ein-
    schränken;
(e) zwangsweise Kinder einer Gruppe in eine andere zu bringen.

Wie immer man über die ‹Geschichtskriege› denken mag, der Genozidvorwurf scheint begründbar. Vor diesem Hintergrund ist eine Klage vor dem *High Court* zu sehen, die Australien des Genozids bezichtigt. Ob es der Klägerin, Nanna Wadjularbinna, gelingt, dem Staat systematisches und intentionales Verhalten nachzuweisen, ist allerdings abzuwarten.

Im Umfeld der 200-Jahrfeiern 1988 und der Olympiade 2000 erreichte die Aussöhnungsdebatte eine ungeahnte Öffentlichkeit. Für den Außenstehenden ist es interessant, dass bei der Aussöhnungsthematik auch immer wieder auf die Aussöhnung zwischen Deutschland und Polen, die Regelungen für die Zwangsarbeiter oder die Entschuldigung des Papstes für das an Juden begangene Unrecht hingewiesen wird. Die Geste Willy Brandts, der bei seinem ersten Besuch in Polen 1970 vor dem Mahnmal des Warschauer Gettos gekniet hatte, ist besonders wichtig. Das setzte Maßstäbe, denen sich die australische Regierung nicht stellt. Max Harrison, ein Ältester der Yuin, die südlich von Sydney an der Küste lebten, meint daher auch, die Aussöhnung sei prinzipiell eine Lüge: es habe nie eine Partnerschaft gegeben, die zerbrochen sei. Es könne aber eine beiderseitige Aussöhnung mit der Mutter Erde geben, wenn man sich über die Werte einige, die das Handeln der Erde gegenüber leiten sollen (*Elders* 2003: 1). Er denkt an eine Verbindung zwischen einer ökologischen Sicht und der Religion. Auch sie wird nicht zustande kommen, denn die jetzige Regierung verfolgt, aus ihrer Sicht, praktische Ziele, die die akuten Probleme, die wurden in Kap. 12 beschrieben, lindern sollen. Ob aber die Ausklammerung der Geschichte und deren Symbolkraft konsensfähig ist, scheint zumindest fraglich.

22. ‹Unser› Bild der Aborigines

Wir sind am Ende einer Reise, während der die Pfade der Aborigines und ihrer Kulturen und die Zeit seit der Kolonisation nachgezeichnet wurden. An diesem Punkt sollen einige Gedanken über den Zugang dieses Buches zu den Aborigines wie auch Australiens formuliert werden. Am Anfang war von zwei

Bildern die Rede, die man sich von den Aborigines gemacht hatte: das sehr alte und aus dem Pazifik übertragene Bild der ‹edlen Wilden› und das etwas jüngere, das symbolisch für einen Großteil der Beziehungen zwischen der Kolonialmacht und den Aborigines, doch auch für die dominante Sicht in ganz Europa steht: das des ‹primitiven Wilden›. Daneben wurde eingangs aber auch darauf verwiesen, dass die Kulturen der Aborigines zu den ältesten, noch praktizierten Kulturen der Menschheit gehören. Das korreliert weder mit dem einen noch mit dem anderen Bild, spiegelt es doch eine Innensicht der Aborigines wider, die sich erst in den letzten Dekaden herausgeschält hat. Sie bedarf einer Erläuterung, die am Anfang bewußt vermieden wurde. Was ist damit gemeint? Und welche Schlussfolgerungen können für den deutschen und europäischen Leser daraus gezogen werden?

In dem Reiseroman *Traumfänger* beschreibt Marlo Morgan, wie sie von einem noch heute unbekannten Stamm eingeladen worden sei, auf einer Reise deren Sitten und Bräuche kennen zu lernen. Sie fliegt nach Sydney und wird auf eine Fußwanderung durch die Wüste mitgenommen, deren Authentizität umstritten ist. Dieser in viele Sprachen übersetzte Bestseller prägt das Bild vieler Zeitgenossen. Politisch aktive Aborigines initiierten umgehend eine weltweite Kampagne gegen die Autorin und erhoben zwei Vorwürfe. Der eine bezog sich darauf, dass das, was Morgan gesehen haben will, nicht oder nicht so habe stattfinden können. Der andere war prinzipieller Natur: Niemand hätte ihr das Recht geben können, ihre Erfahrungen zu veröffentlichen. Da sich dieser Vorwurf aus den Interpretationen der Traumzeit ableitet, ist er schwer nachzuvollziehen.

Morgans Buch spiegelt das positive der zwei Bilder wider, die die Wahrnehmung der «ersten Australier» prägten. Doch, so wird man fragen, macht die Opposition zwischen dem ‹edlen› und dem ‹primitiven Wilden› heute überhaupt noch einen Sinn? Was könnte sie ersetzen? Eine wohlmeinende, aber fehlgeleitete Überlegung, die man auch in Fachkreisen hören kann, läuft darauf hinaus, die heutige Kultur der Aborigines als von der Europas abgeleitet zu sehen. Schreiben, eine heute gängige Praxis, sei eine europäische Form, Kultur ein europäischer Begriff, Kunst im modernen Sinn hätten die Aborigines ursprünglich nicht gekannt. Wer aber die aboriginäre Kultur nur als Derivat darstellt, ihr die Kreativität und Wandlungsfähigkeit abspricht, auch wenn der Stimulus von außen kam, dem wird sie essentiell fremd bleiben. Er übersieht das Überleben der Traditionen, ihre Transformation und Außenwirkung. Wer so redet, müsste logischerweise auch der Meinung sein, Gewehrpulver und Porzellan seien als chinesische Erfindungen der europäischen Kultur fremd.

Keines dieser Bilder ist sinnvoll. Dieses Buch hat den Wandel in vielen Bereichen der Kultur aufgezeigt sowie den Wandel in der Wahrnehmung in Europa und weltweit diskutiert. Die Aborigines sind eine Minderheit, die sich mit ihren Traditionen auseinandersetzt, sich neuen Formen zuwendet, sich öffnet und den Blick nach außen sucht. Dieser Prozess wurde vereinfachend eingeteilt in traditionelle Strukturen und solche, die eher von der Kolonisation beeinflusst wurden, wofür der Begriff postkolonial steht. Dies sind die beiden Pole, die Spielraum für ‹Zwischentöne› lassen. Aborigines verwenden dafür gerne den Begriff *two-way*, der ein nach zwei Seiten ausrichtbares Verhalten bezeichnet. Man kann sich ‹wie die Weißen›, aber auch wie ‹die Aborigines› verhalten und denken. Diese doppelte Kompetenz, die sie befähigt, bikulturell zu handeln, haben sie uns voraus. Aus europäischer Sicht müsste die Auseinandersetzung mit den Aborigines und ihren Anliegen insofern von großem Interesse sein. Wir können von ihnen lernen, wenn man die Geschichte vor und seit der Kolonialzeit nicht ausklammert. Außerhalb Australiens sollte man darauf hinwirken, dass die Brutalität und Menschenverachtung, denen die Aborigines ausgesetzt waren, aufgearbeitet wird. Man kann nicht übersehen, dass Aborigines – im Unterschied zu den meisten Gruppen von Einwanderern – in der australischen Öffentlichkeit weithin als Problem definiert werden und das Ausbleiben von Erfolgen in der Politik meist ihnen allein zugeordnet wird. Die ZDF-Dokumentation über die neue Zugverbindung von Adelaide nach Darwin mit dem ‹Ghan› am 17. Mai 2005 enthielt beispielsweise zahllose authen-

tische Äußerungen, die das Schicksal der Aborigines als weitge-
hend selbstverschuldet darstellen.

Wir haben gesehen, dass die australischen Debatten über die
Geschichte und ihre Interpretationen Parallelen zu Deutschland
haben und sich australische und deutsche Politiker damit be-
fassten, ja sich in die Verhältnisse im jeweils anderen Land ‹ein-
mischten›. Es wird also nicht abwegig sein, wenn man hier fragt,
wie es in einem demokratischen Staat möglich war, eine so be-
nachteiligende Politik bis in die 1960er Jahre hinein zu praktizieren. War es die Isolation des Landes, die das hat geschehen
lassen? Geht der in den 1920er Jahren einsetzende Wandel auf
den Völkerbund und später auf die Vereinten Nationen zurück?
Haben diese Institutionen einen Blick in das Innere der Verhältnisse erzwungen und die Phase beendet, in der das Schicksal
der Aborigines als rein innenpolitische Angelegenheit definiert
werden konnte? Waren es die sich ändernden Empfindungen
der Australier, die das – unabhängig von internationalem Druck
– aufgriffen? Bei diesen Vermutungen darf man nicht übersehen,
dass es zu allen Zeiten verantwortungsbewusste und mitfühlende
Menschen gab, die sich gegen Brutalität wandten und dazu
beitrugen, dass Aborigines zu Akteuren werden konnten. Und
man darf nicht übersehen, dass die fortbestehenden Benachteili-
gungen, etwa im Justizwesen, immer auch auf einen öffentlichen
Widerstand stoßen.

Bibliographie

Aird, Michael, 1996. ‹I Know a Few Words›. Talking About Aboriginal Languages. Southport, Qld.

Bader, Rudolf, Hg., ²2002. Australien. Eine interdisziplinäre Einführung. Trier.

Bähr, Elisabeth, Hg., 2002. Das Verborgene im Sichtbaren. The Unseen in Scene. Aboriginal Art Galerie, Speyer.

Berndt, Ronald M./Catherine H., 1996. The World of the First Australians. Aboriginal Traditional Life: Past and Present. Canberra.

Cane, Scott, 2002. Pila Nguru. The Spinifex People. Freemantle, WA.

Caruana, Wally, 1994. L'art des Aborigènes d'Australie. Paris.

Charlesworth, Max, Hg., 1998. Religious Business. Essays on Australian Aboriginal Spirituality. Cambridge.

Dixon, Robert M. W., 2002. Australian Languages. Cambridge.

Dyer, Colin, 2005. The French Explorers and the Aboriginal Australians. 1772–1839. St. Lucia, Qld.

Elders. Wisdom from Australia's Indigenous Leaders. Mit Vorworten von M. Yunupingu und L. O'Donoghue, 2003. Cambridge.

Erckenbrecht, Corinna, 1998. Traumzeit. Die Religion der Ureinwohner Australiens. Freiburg.

Fesl, Eve Mumewa D., 1993. Conned!, St. Lucia, Qld.

Frieling, Ralph/Bähr, Elisabeth, Hg., 2003. «Traumspuren». Die Kunst der australischen Aborigines. Iserlohn.

Hagemann, Albrecht, 2004. Kleine Geschichte Australiens. München.

Harris, John, 1990. One Blood. 200 Years of Aboriginal Encounter with Christianity: A Story of Hope. Sutherland, NSW.

Hobert, Ingfried, 2004. Die Medizin der Aborigines. Zürich.

Horton, David, Hg., 1994. The Encyclopedia of Aboriginal Australia. Canberra.

Human Rights and Equal Opportunity Commission, ca. 2002. A Statistical Overview of Aboriginal and Torres Strait Islander Peoples in Australia. [www.hreoc.gov.au/social_ justice/statistics]

Kenny, John, 1995. Before the First Fleet. The European Discovery of Australia. 1606–1777. Kenthurst, Sydney.

Kimberley Language Resource Centre, 1996. Moola Bulla. In the Shadow of the Mountain. Broome.

Kleiner, S. Meale M., Hg., Oxford Companion to Aboriginal Art and Culture. Melbourne.

Leitner, Gerhard, 2003. ‹If You've Lost Your Language, You've Lost

Everything›: Spachen und Kulturen der Aborigines«, in: Ralph Frieling Elisabeth Bähr, Hg. ‹*Traumspuren*›. *Kunst und Kultur der australischen Aborigines.* Iserlohn. 138–171.

Leitner, Gerhard, 2004. *Australia's Many Voices. Ethnic Englishes, Indigenous and Migrant Languages. Policy and Education.* Berlin.

Löffler, Anneliese, Hg., 1996. *Märchen aus Australien. Traumzeitmythen der Aborigines.* Düsseldorf.

Lommel, Andreas, o. J. *Rock Painting Sites in the Kimberley Region.* [www.bradshawfoundation.com/pdf/pdf/lommel1.pdf]

Manne, Robert, 1998. The Stolen Generations: Robert Manne's Essay. [http://www.tim-richardson.net/misc/stolen-generation.html]

Marchant, Leslie, 1998. *France Australe. The French Search for the Southland* [etc.]. Perth, WA.

Mattingley, Christobel Ken Hampton, Hg., 1992. *Survival on Our Own Land.* Sydney.

McCulloch, Susan, 2001. *Contemporary Aboriginal Art. A Guide to the Rebirth of an Ancient Culture.* Sydney.

Morwood, M. J., 2002. *Visions From the Past. The Archaeology of Australian Aboriginal Art.* Crows Nest, NSW.

Muecke, Stephen Adam Shoemaker, 2002. *Les Aborigènes d'Australie.* Paris.

Pons, Xavier, 2004. The Vitality of Aboriginal Culture, *Newsletter* 18, 2–13.

Schürmann-Zeggel, 1997. *Black Australian Literature. A Bibliography* Frankfurt/M.

Stanner, W. E. H., 1998. Some Aspects of Aboriginal Religion, in: Max Charlesworth, Hg., 1998. *Religious Business. Essays on Australian Aboriginal Spirituality.* Cambridge. 1–45.

Stormon, E. J., 1977. *The Salvado Memoirs.* Nedlands, WA.

Sutton, Peter, Hg. 1989. *Dreamings. The Art of Aboriginal Australia.* Ringwood, London.

Sutton, Peter, 2003. *Native Title in Australia.* Cambridge.

Trudgen, Richard, 2000. *Why Worriers Lie Down and Die*, Darwin.

Veit, Walter, Hg., 2004 a. *The Struggle for Souls and Science ... German Missionaries and Scientists in Australia.* Northern Territory Government, Alice Springs.

Veit, Walter, Hg., 2004 b. *Strehlow Conference 2002,* Northern Territory Government, Alice Springs.

Yirra. Land, Law and Language. Strong and Alive. 1996. Fitzroy Crossing: Kimberley Aboriginal Law and Culture Centre.

Abbildungsnachweis

S. 12, 14, 16, 58, 59: zit. n. Morwood, M. J., 2002. *Visions From the Past. The Archaeology of Australian Aboriginal Art*. Crows Nest, NSW.

S. 18, 33, 45: zit. n. Kenny, John, 1995. *Before the First Fleet. The European Discovery of Australia. 1606–1777*. Kenthurst. Sydney.

S. 20: zit. n. Marchant, Leslie, 1998. *France Australe. The French Search for the Southland*. Perth, WA.

S. 25: zit. n. Yallop, Colin, Michael Walsh (Hg.), 1993. *Language and Culture in Aboriginal Australia*. Canberra.

S. 38: zit. n. *Yirra. Land, Law and Language. Strong and Alive*. 1996. Fitzroy Crossing.

S. 49, 60: zit. n. Cane, Scott, 2002. *Pila Nguru. The Spinifex People*. Freemantle, WA.

S. 51: Archiv des Verfassers.

S. 55, 93: zit. n. Sutton, Peter (Hg.), 1989. *Dreamings. The Art of Aboriginal Australia*. Ringwood, London.

S. 69: zit. n. Fesl, Eve, 1993. *Conned!* St. Lucia, Qld.

S. 79, 80: zit. n. National Native Title Tribunal, Canberra.

S. 87: zit. n. The Age, Melbourne, 6.3.2005.

S. 90: zit. n. Charlesworth, Max (Hg.), 1998. *Religious Business. Essays on Australian Aboriginal Spirituality*. Cambridge.

S. 105: zit. n. Australian Bureau of Statistics.

Register

Länder und Kulturen

Harald Haarmann
Geschichte der Sintflut
Auf den Spuren der frühen Zivilisationen
2., durchgesehene Auflage. 2005.
208 Seiten mit 18 Abbildungen. Paperback
(Beck'sche Reihe Band 1536)

Harald Haarmann
Kleines Lexikon der Völker
Von Aborigines bis Zapoteken
2004. 381 Seiten mit 10 Karten und einer Graphik. Paperback
(Beck'sche Reihe Band 1593)

Albrecht Hagemann
Kleine Geschichte Australiens
2004. 153 Seiten mit einer Karte. Paperback
(Beck'sche Reihe Band 1594)

Alexander Stille
Reisen an das Ende der Geschichte
Über die Zukunft der Vergangenheit
Aus dem Amerikanischen von Karl Heinz Siber
2004. 379 Seiten mit 13 Abbildungen. Paperback
(Beck'sche Reihe Band 1579)

Johannes H. Voigt
Australien
2000. 173 Seiten mit 25 Abbildungen und einer Karte. Paperback
(Beck'sche Reihe Band 883 – Länder)

Verlag C. H. Beck München

C.H.BECK ☷ WISSEN
in der Beck'schen Reihe

Zuletzt erschienen: